F. MIREUR

UN AMI ET CORRESPONDANT

DE MALHERBE

A DRAGUIGNAN

ESPRIT FOUQUE

SEIGNEUR DE LA GARDE

La Garde, les doctes écrits
Montrent le soin que tu as pris
A savoir toutes belles choses,
Et la prestance et les discours
Étaient un heureux concours
De toutes les grâces écloses.

MALHERBE.

DRAGUIGNAN

IMPRIMERIE C. ET A. LATIL

28, Boulevard des Marronniers, 28

1904

F. MIREUR

UN AMI ET CORRESPONDANT

DE MALHERBE

A DRAGUIGNAN

ESPRIT FOUQUE

SEIGNEUR DE LA GARDE

La Garde, tes doctes écrits
Montrent le soin que tu as pris
A savoir toutes belles choses,
Et ta prestance et tes discours
Etaient un heureux concours
De toutes les grâces écloses.

MALHERBE.

DRAGUIGNAN

IMPRIMERIE C. ET A. LATIL

28, Boulevard des Marronniers, 28

1904

A Mon ami ROBERT REBOUL,

l'érudit bibliographe provençal.

UN AMI ET CORRESPONDANT DE MALHERBE

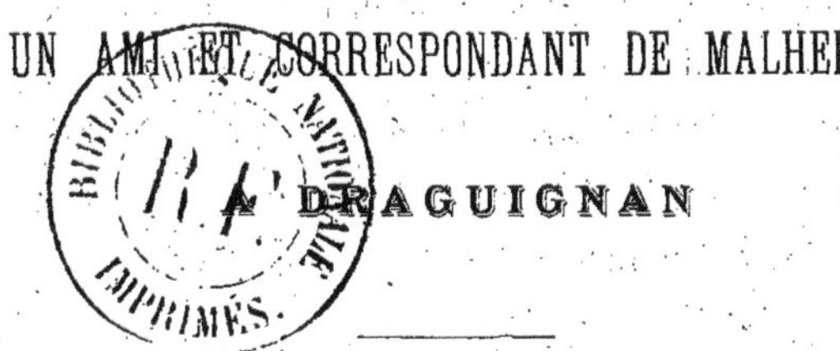

A DRAGUIGNAN

I

Identité du personnage

§ 1. — Rayon de printemps dans la chambre du vieux Malherbe. — Envoi de sa muse. — Son chant du cygne en l'honneur de M. de la Garde. — Réponse a ce gentilhomme provençal — Portrait très flatteur du correspondant.

En 1628, l'année de sa mort, Malherbe, courbé sous le poids des ans et inconsolé de la perte de son fils qui avait brisé ses plus chères, ses dernières espérances, reçoit un jour, à Paris, une « longue et agréable lettre » lui annonçant une non moins agréable visite. La missive arrive de l'autre extrémité du royaume, mais semble venir encore de plus loin par tout le riant passé de souvenirs qu'elle évoque irrésistiblement. Dans le sombre hiver de sa vieillesse « oragée », c'est un chaud et vivifiant rayon de soleil printanier.

Le signataire est M. de La Garde, gentilhomme provençal, un ancien et très aimable compagnon des jours heureux, alors que Malherbe, secrétaire du Grand Prieur, ciselait à Aix ses premiers sonnets et rimait ses soupirs aux dames cruelles (1). De la pléiade de beaux esprits dont le Mécène que fut Henri d'Angoulême aimait à s'entourer — cour intellectuelle dans une autre cour — où le génie de Malherbe tenait le sceptre et la férule, c'est un des rares survivants, le dernier peut-être. Il en était en effet le plus jeune, ayant vingt ans à peine à la mort tragique du Gouverneur qui déjà pour sa valeur et son caractère « l'estimoit et l'aimoit uniquement (2) ».

Le vieux poète se sent remué jusqu'au fond de lui-même par cette voix familière, écho de sa joyeuse jeunesse. L'espoir de revoir et de sentir de nouveau battre près de lui un noble cœur, jadis confident de ses pensées intimes, et dont il a été trop long-temps séparé, le transporte d'aise. Il en oublie le présent, l'incu-

---

(1) Henri d'Angoulême, Grand Prieur de France, était, comme l'on sait, fils naturel d'Henri II. Il fut gouverneur en titre de Provence dans des moments difficiles, de 1579 à 1586, où il périt du poignard d'un gentilhomme qu'il venait de frapper mortellement pour se venger d'une dénonciation.

Ce fut, au dire de César Nostradamus, son contemporain et un de ses courtisans, un amateur passionné d'art, de littérature, de poésie, poète lui-même, ou rimeur. Il recherchait les supériorités dans tous les genres de talents, « et sa maison estoit une continuelle et universelle académie ». Ce n'était donc point médiocre honneur que d'être admis dans cette cour d'élite où il ne voulait « avoir personne qui ne sceut faire quelque chose en degré de perfection ». (*Hist. de Prov.*, 841, E-F).

(2) Lettre de Malherbe reproduite plus bas.

rable désespoir et, pour célébrer autant les qualités morales de l'ami que le mérite de l'homme d'esprit et de l'écrivain, sa « Calliope » en deuil retrouve ses derniers accents.

> La Garde, tes doctes escrits
> Monstrent le soing que tu as pris (1)
> A savoir toutes belles choses ;
> Et ta prestance et tes discours
> Etalent un heureux concours
> De toutes les grâces écloses.
>
> Davantage tes actions
> Captivent les affections
> Des cœurs, des yeux et des oreilles ;
> Forçant les personnes d'honneur
> De te souhaiter tout bonheur
> Pour tes qualités non pareilles (2).
>
> Tu sais bien que je suis de ceux
> Qui ne sont jamais paresseux
> A louer les vertus des hommes ;
> Et dans Paris, en mes vieux ans,
> Je passe en ce devoir mon temps,
> Au malheureux siècle où nous sommes.
>
> Mais las ! la perte de mon fils,
> Ses assassins d'orgueil bouffis
> Ont toute ma vigueur ravie ;
> L'ingratitude et peu de soin
> Que montrent les grands au besoin
> De douleur accablent ma vie.

(1) Ce n'est pas le seul hiatus de l'ode.

(2) On verra plus loin (III. *Les Œuvres*), que Malherbe reproduit presque mot pour mot, dans les deux premières stances, celles adressées 15 ans auparavant au président de Lacépède, par son ami. Quel aimable plagiat et combien flatteur pour ce dernier !

Je ne résiste pas pourtant
D'être dans moi-même content
D'avoir bien vécu dans le monde,
Prisé (quoique vieil abattu),
Des gens de bien et de vertu :
Et voilà le bien qui m'abonde.

Nos jours passent comme le vent ;
Les plaisirs nous vont décevant
Et toutes les faveurs humaines
Sont hémérocalles (1) d'un jour ;
Grandeurs, richesses et l'amour
Sont fleurs périssables et vaines.

Nous avons tant perdu d'amis
Et de biens, par le sort transmis
Au pouvoir de nos adversaires !
Néanmoins nous voyons, du port,
D'autrui le débris et la mort,
En nous éloignant des corsaires.

Ainsi puissions-nous voir longtemps
Nos esprits libres et contents
Sous l'influence d'un bon astre !
Que vive et meure qui voudra.
La constance nous résoudra
Contre l'effort de tout désastre.

Le soldat remis par son chef,
Pour se garantir de méchef,
En état de faire sa garde
N'oseroit pas en déloger
Sans congé, pour se soulager,
Nonobstant que trop il lui tarde.

____

(1) Il y a ici pléonasme, car *hémérocalles* signifie « beautés d'un jour. »

. . . .
. . . .
. . . .

Mais, La Garde, voyez comment
On se divague doucement
Et comme notre esprit agrée
De s'entretenir prés et loin,
Encor qu'il n'en soit pas besoin,
Avec l'objet qui le récrée !

J'avois mis ma plume en la main,
Avec l'honorable dessein
De louer votre Sainte Histoire ;
Mais l'amitié que je vous dois
Par delà ce que je voulois
A fait debaucher ma mémoire.

Vous m'étiez présent en l'esprit,
En vonlant tracer cet écrit ;
Et me sembloit vous voir paroître,
Brave et galant, en cette cour,
Où les plus huppés à leur tour
Tâchoient de vous voir et connoître.

Mais ores, à moi revenu
Comme d'un doux songe advenu
Qui tous nos sentiments cajole,
Je veux vous dire franchement
Et de ma façon librement
Que votre Histoire est une école.

Pour moi, en ce que j'en ai vu,
J'assure qu'elle aura l'aveu
De tout excellent personnage ;
Et, puisque Malherbe le dit,
Cela sera sans contredit,
Car c'est un très juste présage.

> Toute la France sait fort bien
> Que je n'estime ou reprends rien
> Que par raison et par bon titre,
> Et que les doctes de mon temps
> Ont toujours été très contents
> De m'élire pour leur arbitre.
>
> La Garde, vous m'en croirez donc
> Que si gentilhomme fut onc
> Digne d'éternelle mémoire,
> Pour (1) vos vertus vous le serez
> Et votre los rehausserez
> Par votre docte et sainte Histoire (2).

L'*Ode à M. de La Garde*, insérée dans les éditions de Malherbe seulement depuis 1757, est le chant du cygne. Le souffle commence à manquer à la pauvre muse plus que septuagénaire, affalée sur une tombe et qui glisse lentement au bord de la sienne Mais si la pièce un peu terne et diffuse, quoique non sans de charmantes éclaircies, n'ajoute rien à la réputation du poète, elle consacre celle du lettré qui sut l'inspirer au chantre un peu bourru dont l'humeur — il l'avouait lui-même — n'était « ni de flatter ni de mentir » (3). Il le répétait ici fièrement, sous une forme encore plus hautaine, pour donner à ses éloges

---

(1) Lalanne met *par*.

(2) *Œuvres complètes de Malherbe* recueillies et annotées par M. L. Lalanne (*Les grands écrivains de la France*, Hachette, 1862, t. I, 285-290) et copie de la bibliothèque de Carpentras.

(3) « Vous savez que mon humeur n'est ni de flatter ni de mentir. »
(Lettre de Malherbe à Racan, 10 septembre 1625. Edition de Napoléon Chaix, 1865, p. 330).
Ailleurs, dans une lettre à Richelieu, il parle de « la franchise de *son* naturel », p. 337.

toute leur valeur et aller au devant du reproche d'exagération et
d'indulgence :

> Toute la France sait fort bien
> Que je n'estime ou reprends rien
> Que par raison et par bon titre.

La poésie est accompagnée — documentée — de la réponse
suivante encore plus affectueuse, non moins laudative et d'où
achève de se dégager en pleine lumière la très distinguée et très
sympathique physionomie du correspondant (1).

Monsieur (2),

J'avais pressenti les contentements que m'ont donnés vos bonnes
nouvelles deux jours avant les avoir reçues, car j'avais l'honneur
d'entretenir Madame la Princesse de Conti (3), fort accompagnée en
son hôtel, *où il fut bien parlé de vous, qu'elle témoigna désirer de con-*

(1) Nous donnons le texte, sauf quelques coupures, d'après la copie conservée dans les
manuscrits de Peiresc à la bibliothèque de Carpentras (XLI, p. 137), lequel n'offre que
de légères variantes de forme avec celui publié par Lalanne dans l'édition Hachette, *Les
grands écrivains de la France*, œuvres de Malherbe.

Nous nous permettons seulement d'en souligner les passages les plus essentiels.

(2) Sans date ; doit être de 1628. (XLI. p. 137).

(3) Louise-Marguerite de Lorraine, princesse de Conti, fille d'Henri duc de Guise, née en
1577, avait été recherchée en mariage par Henri IV, qui la maria en 1605 à François de
Bourbon, prince de Conti. Veuve sans enfants (en 1614), elle épousa secrètement le ma-
réchal de Bassompierre. Elle avait infiniment d'esprit naturel et avait pris soin de l'orner
par la lecture et par la conversation habituelle de gens instruits. On a d'elle l'*Histoire des
amours de Henri IV*, in-12, et l'*Hist. des amours du grand Alex.* lui est attribuée.
*Tableau des intrigues galantes de la cour de Henri IV et de la chronique scandaleuse
de son règne.*)

noître en présence, comme en votre bonne réputation. Vous pouvez croire que je n'y oubliai rien à dire de ce que je suis obligé depuis quarante années de votre heureuse connoissance. Il est bien vrai que je ne parle pas d'un si long temps partout, car, par discrétion, il faut vous en retrancher, étant vous encore garçon et à marier par bonheur.

En cette belle compagnie on mit sur les rangs votre conversation et votre Histoire Sainte, de laquelle Monsieur votre Gouverneur (1) a conté des merveilles, même aussi MM. les marquis de Gordes (2) et d'Esplans (3), lui pour l'avoir vue chez vous avec votre bonne chère, comme il me dit peu avant son trépas, digne d'être regretté véritablement même de vous qui avez perdu en lui un très assuré ami.

Votre longue et agréable lettre me fut rendue au point qu'un petit frisson de fièvre me faisoit retirer en mon logis et diminua beaucoup mon incommodité *par la douceur de son style et d'autant plus par l'assurance que vous m'y donnez de revenir bientôt à Paris faire le présent de votre livre à cette auguste reine, la mère du roi, de laquelle vous serez très bien reçu, je vous en assure, pour l'avoir ainsi appris de sa propre bouche. Ne tardez donc que le moins que votre délicieuse Garde-du-Freinet et votre la Motte (que j'ai nommée un petit Saint-Germain), le vous permettront, afin que l'inconstante fortune qui règne ne vous ravisse ou diminue le bien que vous méritez et que chacun vous désire.*

Vous ne me trouverez plus tel que vous m'avez vu, car ma dernière saison, oragée de tant d'afflictions qui ont désolé ma Calliope, ressent aussi mes enthousiasmes grandement refroidis. Ce nonobstant, j'envoie

(1) Charles de Lorraine, duc de Guise et de Chevreuse.

(2) Guillaume de Simiane, marquis de Gordes, 1er capitaine des gardes écossaises, gouverneur du Pont St-Esprit, chevalier des ordres du Roi (Artefeuil, II, 408), etc.

(3) Probablement Esprit d'Alard, sieur d'Esplans, marquis de Grimaud.

à votre livre des vers qu'elle m'a dictés parmi les inquiétudes de ma tristesse. Je vous *y exprime une partie de mes bonnes intentions et de mes sentiments sans adulation*, en attendant avec impatience le bien de votre vue ici, pour vous faire ressentir mes bons offices et mes services.

On parle bien en cette cour de vous et de votre petit Carnaval des honnêtes gens, que je n'ai point vu et dont vous me parlez par votre lettre. Etant de ce nombre-là, je vous en dirai mon avis dans *même logis que je vous ai préparé très commodément,* selon notre résolution et votre désir. Nous y en conterons à loisir et vous ferai voir que durant votre absence ma plume n'a pas été inutile.

Je ne vous dis rien des divers changements qu'on voit ordinairement en cette cour, car ce seroit autant à vous en conter si je venois de l'île de Chypre où l'on rencontre des caméléons partout; *il est bien vrai que notre expérience est capable de connoître par les causes les évènements et d'y profiter par prudence.*

Si vous venez, vous reculerez mon soleil pour dix ans, aussi je ne vous serai pas inutile par mes adresses et les grandes connoissances que j'ai faites ici. Cependant je finis ma lettre par un violent trouble d'esprit qui me remet en mémoire *le funeste catalogue de tant de bons amis que la mort nous a ravis et, parmi eux, le bon marquis des Arcs (1), votre cher frère, le généreux comte de Sault (2), le brave Crillon (3), mestre de camp des gardes du roi; le judicieux du Vair, notre commun ami,* arraché de notre Provence pour sa perte, tant l'envie a de pou-

---

(1) Arnaud de Villeneuve, premier marquis des Arcs, mort en 1614.

(2) François-Louis d'Agoult, comte de Sault, mari de la célèbre comtesse de Sault, mort en 1615 (?).

(3) Louis de Berton des Balibes, mort en 1615.

voir sur la vertu même (1) ; le président de la Ceppède, premier président aux Comptes à Aix (2); ce jeune héros, le chevalier de Guise (3);

Mais continuant mon funeste catalogue en rétrogradant, je mettrai en compte de nos pertes plus signalées *cet incomparable prince Henri d'Angoulême, grand prieur de France, gouverneur de notre Provence, mon bon maître, qui vous estimoit et aimoit uniquement ; le roi Henri troisième, de qui vous eutes l'honneur d'être connu et favorisé par un bonheur de peu de durée, par la rigueur de la parque ;* le grand Henri, la merveille des rois, et plusieurs autres seigneurs de grande considération.

En jugeant de tous ceux-là ce que je dois, je fais le même que ceux qui nous survivront feront de nous après avoir payé le nole à Caron. Qu'il plaise donc à Dieu de ne nous dénier point l'ordinaire vie des hommes qui la passent doucement comme nous et de n'interrompre point aussi la continuation de *l'inviolable amitié qui nous a liés depuis notre printemps,* étant assuré que la vôtre me sera telle, comme la mienne ne sera point aussi terminée non pas même par la mort naturelle de votre très-humble et très assuré serviteur

Malherbe.

(1) Guillaume Duvair, premier président au Parlement de Provence (1599-1616), ambassadeur en Angleterre, garde des sceaux, évêque de Lizieux, un des premiers prosateurs de son époque, mort en 1621.

(2) Jean de la Cépède, conseiller au Parlement de Provence, puis président aux Comptes, auteur d'une *Imitation des psaumes de la pénitence de David* et des *Théorèmes spirituels sur la vie et la mort de Jésus-Christ,* etc , mort en 1622.

(3) Jusqu'à ce dernier, Malherbe avait suivi scrupuleusement l'ordre chronologique. S'il l'interrompt un moment par ce retour en arrière, il y reviendra en terminant la série par le Grand Prieur; Henri III et Henri IV.

A travers le trouble ému et légèrement désordonné de la
muse qui

> Se divague doucement

on avait pu entrevoir déjà un type de cavalier accompli, aussi
séduisant de tournure que de manières et de langage, brave,
galant, estimé et aimé de *toutes les personnes d'honneur* pour *ses
qualités non pareilles*, auréolé d'une telle réputation de cour-
toisie et de bonne grâce spirituelle que, dès qu'il paraîtra ou
reparaîtra à la cour, il sera entouré.

> Les plus huppés à leur tour,
> *Tâchant* de *le* voir et connoître ;

enfin un dilettante exquis, curieux de toutes les belles choses, écrivain à ses heures, auteur notamment d'une *Histoire
sainte*, ou « école » de morale, qui doit encore rehausser son *los*
et mettre le comble à sa renommée.

Mais voilà que cette figure peu banale d'homme de lettres et
d'homme du monde et du grand monde, s'éclaire et se précise
maintenant à la lumière de traits de caractère et d'esprit
qui la font revivre dans son jour et son milieu avec son relief
bien personnel. L'ami de Malherbe fréquente dans les meilleures
compagnies, compte de hautes, de magnifiques relations. Il vit
de pair avec la première noblesse de sa province, régale les
marquis et les ducs de sa « belle conversation » et de sa « bonne
chère ». A Paris, il est reçu dans les palais des plus grands
seigneurs, a ses entrées à la cour. Des princes et des princesses
du sang, des rois et des reines l'honorèrent ou l'honorent encor

de leur protection, de leurs augustes sympathies, Henri III, plus particulièrement conquis par son rare talent de charmeur, et Henri IV lui-même, le grand Henri qui avait trop d'esprit pour ne pas l'aimer chez les autres. En ce moment, Marie de Médicis daigne l'assurer du bon accueil qu'elle lui réserve à lui et au livre dont il se propose de faire hommage à la souveraine. L'annonce de ce *Carnaval des honnêtes gens*, comme il l'appelle, excite rien que par le renom de l'auteur, les plus flatteurs murmures et la curiosité de quiconque se pique d'être des honnêtes gens, autant dire de tous les courtisans. C'est la nouvelle à la main du jour, qui défraye les conversations : « On [en] parle bien en cette cour... »

Pour l'*Histoire sainte*, également manuscrite, mais plus connue par des communications amies, il s'en conte simplement « des merveilles ».

Et puisque Malherbe le dit !

Comme écho de succès de salon aussi brillants qu'ils devaient être fugitifs, comme esquisse, dans un cadre de princières relations, d'une existence de gentilhomme de lettres doué de toutes les grâces et d'un réel mérite, délices de la cour et de la ville, enfin comme témoignage d'une amitié glorieuse, il ne se peut rien de plus probant et de plus louangeur, sous une plume aussi véridique et plus souveraine.

Page précieuse encore de biographie que cette revue rétrospective des rencontres réciproques, des communes amitiés « depuis quarante ans [et davantage] de l'heureuse connaissance ». Dans ce long retour vers le passé s'ouvrent, de ci de là, à travers les effusions du cœur, de suggestives parenthèses, lumineuses échappées sur l'état civil de M. de La Garde et certaines particularités de sa vie. Nous apprenons entre autres qu'il était contemporain, à quelques années près, de Malherbe (né en 1555), encore célibataire « par bonheur » ; qu'il avait résidence à la fois à la Garde-Freinet et à la Motte, où il avait eu l'honneur, semble-t-il, de recevoir son illustre ami, et qu'un de ses frères était mort depuis longues années. Celui-ci ouvre presque le « funeste catalogue », dressé avec une imperturbable mémoire et une non moins impeccable chronologie.

Mais là s'arrêtent les renseignements sur les origines, la famille, l'identité du correspondant. Nous ignorons *son nom, sa naissance,* en un mot sa personnalité, qui se dérobe obstinément derrière un titre banal de seigneurie.

Quel était donc ce « gentilhomme provençal » absolument ignoré des plus érudits, ayant eu pourtant son heure de notoriété, nous allions dire de vogue en la république des lettres, occupant une haute place dans l'estime des premiers de sa province et de la capitale, et qui avait réussi à mériter les suffrages du plus autorisé et du moins indulgent des Aristarques ?

On a cru jusqu'ici trouver l'indication de son nom dans un passage mal compris de la lettre de Malherbe où le grand poète évoque le souvenir du frère prédécédé. « Le bon marquis des Arcs, votre cher frère », a fait supposer une seule et même personne sous deux qualificatifs différents et rattacher, un peu à la légère, M. de La Garde aux Villeneuve, marquis des Arcs. Mais la phrase se prête à un autre sens ; elle peut tout aussi bien s'appliquer à deux personnes distinctes, rapprochées par le hasard des dates dans l'énumération, sans se confondre. Faute d'y avoir pris garde, la trompeuse lueur généalogique, comme certains feux follets de la légende, a complètement égaré dans le champ des conjectures tous les commentateurs sans exception, ou, pour être plus exact, les serviles copistes du premier, et ils sont légion.

Voudrait-on nous permettre de remonter le courant de cette curieuse et assez grossière équivoque, se continuant jusqu'à nos jours, où, faute d'un point... et virgule, un très galant homme perdit sa modeste place dans l'histoire littéraire, et notre ville, par contre-coup, l'honneur d'une petite illustration ?

§ 2. — M. DE LAGARDE ÉTAIT-IL UN VILLENEUVE? — SINGULIER QUIPROQUO DU PÈRE BOUGEREL. — CONFISCATION SOMMAIRE ET DÉFINITIVE D'UN NOM ET D'UNE PERSONNALITÉ. — LE VÉRITABLE LA GARDE.

L'éditeur responsable est le R. P. Bougerel. Les deux documents, reproduits plus haut, sauvés par une copie de l'infatigable Peiresc, dormaient depuis près d'un siècle en ses riches cartons, lorsque le célèbre oratorien les y découvre et cherche à connaître leur destinataire. Au pied levé, sans même ouvrir les généalogies — toujours dédaignées et toujours indispensables — de ce seigneur de la Garde-Freinet et de la Motte, il fait un frère cadet du marquis des Arcs, Arnaud de Villeneuve (1).

(1) « Le bon marquis des Arcs » ne saurait être qu'Arnaud de Villeneuve, premier marquis des Arcs et le seul décédé du vivant de Malherbe. On sait qu'il mourut à Paris, durant les États généraux de 1614, auxquels il avait été député.

Plus de doute alors. Le gentilhomme provençal est un Villeneuve, de la branche des Arcs, et l'enthousiaste érudit de s'em-
presser d'ajouter à la couronne de la grande famille provençale,
rayonnant déjà de tant de gloires militaires, politiques et admi-
nistratives, le fleuron de l'illustration littéraire.

En 1726, le R. P. Desmolets, également de l'Oratoire, publie
dans le tome 1er de la continuation des *Mémoires de littérature*
de Sallengre, aussi intéressants que rares, l'ode et la lettre
encore inédites de Malherbe, que lui adresse le P. Bougerel avec
ses notes, et l'une et l'autre passent sans contradiction.

Dès lors Villeneuve-La Garde, créé et mis au monde par l'un,
tenu sur les fonds par l'autre, accepté par tous, entre définitivement dans l'histoire. Les généalogies, qui la veille, ignoraient
même son existence, s'empressent de l'adopter ; les biographes
s'en emparent, exagérant encore ses mérites, dès qu'il s'agit
d'un Villeneuve (1). Les éditions nouvelles de Malherbe jusqu'à
celle de notre temps, pourtant si soignée, *des Grands écrivains
de la France*, le donnent dans leurs clefs. Quiconque parle du
séjour et des amis de Malherbe en Provence, de la cour du
Grand Prieur, les érudits les plus consciencieux, les plus infail-

---

(1) L'abbé Goujet, continuateur de Moreri et copiste du P. Bougerel, en fait « un des
plus sçavans gentilshommes de son temps » et Achard, renchérissant sur Goujet, qu'il pille
à son tour, « un des plus célèbres poètes… »

Ils ajoutent, l'un et l'autre ou l'un d'après l'autre, que « Malherbe le loue — Achard
surajoute *beaucoup* — en plusieurs endroits de ses ouvrages et de ses poésies qui lui sont
adressées », en outre de l'ode connue.

Nous avouons humblement n'avoir su trouver aucun de ces endroits en prose ou en vers,
dans les œuvres de Malherbe, tout au moins d'après l'excellente table de l'édition Hachette.

2

libles d'ordinaire, les Rouard, les Augustin Fabre, les Roux-Alpheran *(tu quoque !)*, tout le monde répète imperturbablement et à l'envi : Villeneuve-La Garde.

L'écho des légendaires citernes se répercutant jusqu'à soixante ou quatre-vingts fois, qu'est-il à côté des sonorités effrayantes et sans fin de l'erreur une fois lancée à travers l'incommensurable confiance du public ?

Cependant — lacune suspecte — alors que les ancêtres les plus reculés, les plus obscurs des Villeneuve sont généralement prénommés et biographiés, ce moderne, contemporain d'Henri IV et de Louis XIII, qui jeta tant d'éclat sur les siens, en est ignoré au point qu'ils ne connaissent ni son prénom, ni sa naissance, ni son décès. Personne ne parvient à lui arracher ce voile de l'anonymat du prénom, ce masque obstiné *N.* de Villeneuve-La Garde, sous lequel il promène, à travers les galeries généalogiques et historiques, sa toujours mystérieuse physionomie.

Avant la publication du P. Desmolets, aucun historien ou chroniqueur de Provence – que nous sachions — ne parle de Villeneuve-La Garde, de sa réputation, de ses écrits. Ni Moréri (1re édition), ni Louvet, ni l'abbé Robert, moins complet, il est vrai pour la branche des Arcs, ni Maynier ne le mentionnent. On le cherche vainement parmi les Villeneuve des Arcs dans les circonstances solennelles de famille où il est d'usage que tous les proches se réunissent. Gaspard, baron des Arcs, père d'Arnaud — le sien propre dès lors — a, du premier lit, outre ce garçon, trois filles. Tous ses enfants se marient. Nous possédons, sans parler de nombre d'autres actes, trois contrats

sur quatre, et nulle part il ne figure. Arnaud fait en 1588, à
Paris, une brillante alliance : il épouse la fille du duc d'Haluyn,
assisté de son oncle maternel, l'évêque de Fréjus, de Bouliers,
et il oublie d'inviter son frère, son prétendu frère du moins,
dont il doit être plutôt orgueilleux. Ses sœurs, qui se sont déjà
mariées, n'ont pas plus tenu compte de lui que s'il n'existait
pas — ce qui n'est que trop réel. Il n'est pas présent davantage
au mariage de son neveu germain, Antoine de Villeneuve-
Bouliers avec Gabrielle du Mas de Castellane en juin 1624 (1).

Bien plus, Gaspard, devenu veuf, s'éprend d'une dracénoise
aussi belle que roturière, et lui donne son nom en 1581. De ce
mariage assez romanesque et secret naissent des enfants dont
la légitimité sera plus tard contestée en d'interminables procès,
et, dans les volumineux dossiers produits, il ne sera jamais
question que des quatre enfants du premier lit.

C'est qu'en effet *N.* de Villeneuve-La Garde est un mythe,
une invention du trop imaginatif père Bougerel, né d'un quiproquo grammatical. Arnaud de Villeneuve, marquis des Arcs, n'a
eu qu'un frère (consanguin), lequel aurait eu deux ans à la mort
du Grand Prieur. Il y a beau temps en outre que les Villeneuve
ont aliéné la Garde-Freinet et leurs portions seigneuriales de la
Motte et aussi de la Garde-lez-Figanières. Aucun d'eux n'a plus

(1) Contrat de mar. 1° de Diane, fille de Gaspard, avec Melchior de Demandols, 1er janvier
1581. (Arch. dép^{les} du Var, B. 408, f° 604 v°);

2° De Delphine, sa sœur, avec Claude de Villeneuve-Thorenc, du 15 juillet 1581. (*Ibid.*,
f° 756);

3° D'Arnaud, frère des précédentes, avec Isabeau d'Haluyn, du 21 février 1588. (*Ibid.*,
404, f° 831 v°).

le droit de prendre et ne prend effectivement le nom de seigneuries sorties de leur maison (1). Il faut alors, de toute nécessité, interpréter la phrase autrement et dédoubler « le bon marquis des Arcs, votre cher frère ». Sous la plume remarquablement concise de Malherbe, ennemie de toute redondance, ce sont là deux personnalités différentes, se suivant dans la liste nécrologique. La seconde est un frère, ou, — ce qui était alors synonyme — un beau-frère de son ami.

Nous n'aurons pas à chercher longtemps ni bien loin le nom de ce dernier qui jusqu'ici a échappé à tout le monde. Une seule famille est connue en notre région pour avoir — par singulière fortune — réuni à cette époque entre ses mains la possession de la Garde-lez-Figanières, la Garde-Freinet et la Motte : c'est la famille Fouque, de Draguignan, et, parmi ses membres, un seul, du temps de Malherbe, porta le titre — doublement justifié — de sieur de la Garde sous lequel il était universellement connu et dénommé. Nous voulons parler d'Esprit Fouque, né dix ans avant et décédé environ sept ans après l'illustre poète. Esprit Fouque perdit précisément un beau-frère à une époque peu éloignée de la mort d'Arnaud de Villeneuve, à côté duquel la place du défunt était dès lors marquée chronologiquement dans « le funeste catalogue » (2).

(1) Voici les seuls titres seigneuriaux que Gaspard de Villeneuve prend dans un acte public de 1579 : Gaspard de Villeneuve, sieur baron des Arcs, Vidauban, Taradel et Séranon. (Donation du 27 octobre 1579 ; arch. dép^les du Var, B. 403, f· 425 v·).

La remarquable et définitive *Hist. de la maison de Villeneuve*,, par E. de Juigné de Lassigny est la première qui ne reproduit pas le pseudo-Villeneuve-la-Garde.

(2) Le véritable nom fut dévoilé par le savant et si regretté éditeur des *Lettres de Peiresc*,

Tandis que pour justifier l'hypothèse oratorienne tout se dérobe à la fois, histoire, généalogie, papiers de famille, titres de propriété, bien au contraire il n'est pas un des détails révélés par les documents sur la personnalité d'Esprit Fouque qui ne s'adapte exactement à ceux donnés par Malherbe. Sa physionomie intellectuelle et morale surtout, telle qu'elle ressort de l'unanimité des témoignages, y compris les témoignages autobiographiques, vient en quelque sorte se placer d'elle-même dans le cadre que le grand écrivain nous a tracé.

M. Tamizey de Larroque, qui voulut bien invoquer notre témoignage à l'appui (III, 851), et par Robert Reboul, le passionné bio-bibliographe dans ses curieuses *Physionomies provençales*. Nous répondons à l'appel trop flatteur de cet excellent ami en coordonnant des recherches commencées depuis plus de 30 ans et dont le résultat, soumis ou communiqué déjà à plus d'un honorable érudit, a fait l'objet d'une note lue au congrès de la Sorbonne, à Paris, en 1897. (*Bulletin histor. et philolog.*, p. 170).

Sur ce nom, nous avons entre les mains près de 200 textes puisés aux sources les plus variées et les plus authentiques : actes de catholicité, livres terriers, délibérations communales, comptes, actes publics, exploits, exploits surtout, à Draguignan, la Garde-Freinet, la Motte, Brignoles; c'est tantôt Esprit Fouque ou de Fouque, sieur de la Garde, la Motte, Soleillas et Vauplane, seigneurie qu'il posséda aussi temporairement; tantôt M. de la Garde ou le sieur de la Garde tout court. La signature est invariablement : *Lagarde*.

Quant à la synonymie de *frère* et de *beau-frère* dans les correspondances et documents familiaux de l'époque, le public érudit auquel nous nous adressons nous dispensera de le démontrer.

II

La Vie

—

§ 1ᵉʳ. — UNE DYNASTIE DE PRÉVOYANTS ET DE LABORIEUX. — HONORÉ
FOUQUE, MARCHAND DE LAINE ET COLLECTIONNEUR DE SEIGNEURIES. —
FONDATION D'UNE FAMILLE NOBLE. — SERVICES PUBLICS ET DÉVOUE-
MENT DES FOUQUE. — NAISSANCE D'ESPRIT FOUQUE, SIEUR DE LA
GARDE (XVᵉ-XVIᵉ SIÈCLES).

Les Fouque de Draguignan — *Fulconis* pour les notaires du
moyen âge — éteints depuis longtemps, sont d'origine modeste,
comme la plupart des principales familles de nos villes de petite
bourgeoisie. Nous ignorons s'ils peuvent être rattachés aux
notaires de ce nom du commencement du XVᵉ siècle, syndics
de la communauté, et aux avocats dont l'un eut l'honneur de
recevoir et de haranguer en 1404 l'anti-pape Benoît XIII (1). Le
point certain c'est qu'avant de fréquenter les cours, où ils ne
firent pas trop mauvaise figure dans la personne de leur arrière
petit-fils, ils avaient longtemps auné le drap, débité les chausses
ou pesé la laine sur notre place du Cros.

L'ancienne société, encore trop peu connue dans ses origines,
offre maint exemple de ces sautes de fortune, lentement prépa-
rées dans l'obscur labeur de la boutique et qui bouleversaient les

(1) Délibérations communales des 28 novembre 1404 et 15 janvier 1405, fᵒˢ 22 et 31. (Arch.
cˡᵉˢ, BB. 5).

conditions, comme elles bouleversent nos théories historiques sur le régime des castes. Ce fut surtout l'œuvre de l'aïeul d'Esprit, Honoré Fouque, le dernier de plusieurs générations de diligents, un commerçant en laine du milieu du XVIe siècle, qui s'arrondit incessamment et laissa un avoir considérable. Honoré Fouque collectionnait les seigneuries. A l'affût des besoins de la noblesse, partout où il le put, il la chassa de ses châteaux à coups d'écus et devint ainsi successivement, par droit de conquête sinon par droit de naissance, seigneur ou coseigneur de la Garde-lez-Figanières, Comps, Vauplane, Soleilhas, la Garde-Freinet, la Motte, etc. (1). Sous quel régime politique le travail intelligent et tenace ne réussit-il donc pas à opérer sa trouée, et quelle est la forteresse aristocratique la mieux défendue, capable de résister longtemps à ses sapes obstinées? M. de la Garde — comme on appelait déjà l'ancien laînier (2) — fit ainsi souche de gentilshommes auxquels il pouvait bien manquer quelques quartiers, mais qui, pour la considération, la distinction personnelle et les alliances, n'eurent bientôt rien à envier à la

---

(1) Cf. sur ses incessantes acquisitions : 1° les minutes de son notaire, André Palayoni (étude Etienne, à Draguignan), aux années 1540, f°s 138 v°, 262 v°, 235, etc ; 1542, f°s 13, 104; 1545 et 1547, *passim* ; 2° celles d'Honoré Borrély (étude de l'Estang, à Draguignan), année 1559, *passim*; 3° son testament (arch. dép^{les}, B. 402, f° 110).

(2) Cf. notamment l'acte de baptême du père d'Esprit, du 5 août 1539 :

Bapt. de Balthasar Fulconis, fils du seigneur de la Garde. (Arch. c^{les} à Draguignan, GG. 1, f° 9 v°).

Les Fouque portaient *de gueules à trois soleils d'argent.* (Nostradamus, *Chronique de Prov*, p. 988].

Voir à l'appendice l'esquisse généalogique de cette branche des Fouque.

noblesse de race. Pas n'est besoin de dire après cela qu'il fut à Draguignan tout ce qu'il voulut, et premier consul jusqu'à trois fois.

A sa mort (1567 ou 1568), l'aîné des enfants, Joseph, eut entre autres la seigneurie de la Motte et le troisième, Balthazar, père d'Esprit, les deux Garde. Le puîné était d'église et déjà pourvu, tout au moins depuis 1553, de la prévôté de Fréjus.

Les fils héritèrent en même temps de sa grande situation et, comme lui, occupèrent le premier rang et les premières dignités locales. Joseph fut porté cinq fois à la tête du consulat — exemple unique, croyons-nous, dans nos annales municipales — et la peste qui le trouva et le frappa dans ce poste de dévouement, abrégea encore son *cursus honorum*. Balthazar y fut élevé à 29 ans (1568), par une dérogation non moins flatteuse au règlement consulaire, plein de méfiance à l'égard des jeunes. Mais il n'atteignit pas la fin de son mandat et fut emporté par un mal assez rapide qui le surprit à Lyon, où il s'était rendu pour affaires, en mars 1569.

Ce consul de 29 ans, si prématurément fauché à 30 ans, s'était marié à 16 avec Jeanne Laurens, fille d'un notaire et bourgeois de Brignoles. Il en avait eu cinq enfants dont deux garçons, Esprit, né à Draguignan, où il fut baptisé le 31 mars 1565 ; un autre, filleul de l'évêque de Sénez, mort en bas âge, et trois filles mariées dans les maisons Rogier ou Rougiers des Sieyes, Villeneuve-Tourrettes et Brun-Castellet.

Les jeunes veuves de ce temps n'étaient pas toujours inconsolables. Deux ans et demi après, le 26 décembre 1571, Jeanne Laurens convolait à Draguignan avec un gentilhomme de la branche des Villeneuve-Tourrettes, Jacques de Villeneuve-La-Berlière, un des capitaines et non les moins ardents de nos guerres civiles, dont elle eut deux enfants jumeaux qui ne paraissent pas avoir vécu longtemps (1).

———

(1) De ces deux beaux-frères d'Esprit, Brun du Castellet périt misérablement à Flayosc, avec nombre de ses corréligionnaires, dans une maison particulière que La Valette fit sauter le soir du 24 décembre 1589. (*Hist. généalogique de la famille de Villeneuve, dite chronique de Flayosc,... an VII*).

L'autre, Villeneuve-Vauvres, père d'un fils unique aliéné, eut une assez triste vieillesse et mourut entre décembre 1611 et avril 1612.

Duquel des deux, Malherbe a-t-il voulu parler? Le rapprochement des dates ferait pencher plutôt pour le second, quoique, dans l'ordre chronologique rigoureux, suivi ensuite, Villeneuve-Vauvres eût dû précéder le marquis des Arcs. Faudrait-il croire, de la part du vieux poëte, à une défaillance de la mémoire? Elle serait très excusable seize ou dix-sept ans après une mort en somme assez peu frappante et qui n'avait pu laisser en son esprit la même impression que celle de personnalités historiques.

Villeneuve-Vauvres avait eu procès, il est vrai, trente ans auparavant ou plus, avec son beau-frère pour la dot de sa femme. Mais si les procès avaient autrefois brouillé, toutes les familles l'auraient été! D'ailleurs, ce qui prouve que le différend n'avait pas trop relâché les liens de l'affection entre les deux beaux-frères, c'est qu'au cours de l'instance, Villeneuve avait consenti main levée d'une saisie de récoltes, en faveur de son adversaire « pour certains bons respects, dit-il, à ce son courage [son cœur] mouvans ». (Acte du 17 juin 1583 notaire Palayoni, f 588 v°).

Nous ignorons si pareils témoignages sont aujourd'hui très fréquents entre plaideurs. Dans tous les cas, ne sont-ils pas à l'honneur de ceux qui les recevaient autant que de ceux dont ils émanaient?

§ 2. — Enfance de Fouque-la-Garde. — Les Villeneuve-la-Berlière et Vauvres et l'assassinat des chefs Razats. — Condamnation des coupables a la roue par contumace. — Entrée du Grand Prieur a Draguignan, accompagné de son secrétaire Malherbe. — Mort de la mère de Fouque-la-Garde. — Cas de télépathie. — Nouvelle visite du Grand Prieur. — Le jeune homme entraîné probablement a Aix. — Origine d'une illustre amitié (1556-1582).

Ce fut un milieu singulièrement bruyant et mouvementé que le nouveau ménage pour l'enfance méditative, un peu mystique, on le verra tantôt, du délicat rejeton des Fouque, si elle s'écoula à Draguignan. Le capitaine La Berlière et son frère, Honoré de Villeneuve-Vauvres (bientôt le beau-frère d'Esprit), s'étaient jetés tous les deux dans la mêlée des partis qui déchiraient alors la Provence, et ils menaient campagne avec Antoine Brun du Castellet, leur futur allié par son mariage avec une autre fille de Jeanne Laurens. D'abord sous les drapeaux des Razats ou royalistes, l'acharnement de ceux-ci dans le siège et la destruction du château des Villeneuve à Trans, les atrocités dont ils se souillèrent, les révoltèrent au point qu'on les voit aussitôt après, pour venger la ruine et le deuil du marquis, leur parent, passer dans le camp des Carcistes. Plus exaspérés maintenant contre leurs anciens corréligionnaires qui s'étaient couverts du sang de leur famille, qu'ils ne l'étaient naguère contre leurs adversaires politiques, ils ne reculent pas devant l'assassinat, attirent les Razats dracénois dans un guet-apens, au quartier de St-Bernard au-dessous de Trans, et laissent trois d'entre eux sur le carreau; puis ils courent au galop à Draguignan achever, à l'entrée de la nuit, par le meurtre d'un quatrième, leur sinistre journée (14 août 1579).

Ces représailles étaient d'autant plus criminelles que la paix entre les partis venait d'être signée en présence de la reine mère, venue en Provence, précédée par Henri d'Angoulême.

Au mois de novembre suivant, le nouveau gouverneur, visitant sa province, sans doute pour y faire exécuter l'édit de pacification, faisait son entrée solennelle dans notre ville endeuillée, et pour le recevoir dignement, on secouait un moment le poids des douloureux souvenirs et on tirait des feux d'artifice en signe d'allégresse, au lendemain de la consternation et de l'indignation générales. Le Grand Prieur, accompagné de son jeune secrétaire normand, François de Malherbe, prolongea son séjour parmi nous (1). Esprit Fouque, pour lors âgé de 14 ans, se trouvait-il encore à ce moment à Draguignan, et faudrait-il faire remonter à cette première rencontre l'origine « de l'inviolable amitié qui les liait ensemble, écrivait Malherbe, depuis *leur* printemps » ? ou bien ne conviendrait-il pas de la reporter deux années plus tard, en 1581, où nous retrouverons le Grand Prieur à Draguignan, sous le toit de la maison familiale des Fouque, toujours suivi, il faut le supposer, de son fidèle secrétaire ?

Les tragiques évènements de cette sombre année 1579, les terribles conséquences qu'ils eurent pour les siens ne purent manquer de frapper profondément la vive imagination de l'ado-

---

(1) La présence de Malherbe à Draguignan nous est révélée par sa signature au bas des lettres qu'y donna le Grand Prieur, le 16 novembre 1579, à l'effet d'ordonner les démolitions des fortifications élevées depuis les derniers troubles dans divers lieux du viguerial. (Arch. c^{le} de Callas, FF. 137).

lescent et déposèrent sans doute en lui le germe des convictions et des ardeurs politiques de sa jeunesse. A la suite d'interminables procédures ricochant de juridiction en juridiction, son beau-père La Berlière et son beau-frère Vauvres furent condamnés à la roue par contumace. Mais sa plus cruelle douleur fut encore la mort de sa mère, dont la santé ne résista pas sans doute à tant et de si fortes commotions. Cet évènement lui fut révélé au célèbre collége du Mans, à Paris, où il faisait ses études, sous la direction de N. Issautier, prêtre de Cabasse, son « gouverneur ». Les circonstances de cette révélation sont trop curieuses pour que nous ne lui en empruntions pas le récit naïf et bien suggestif :

« Il m'est adressé à moy-mesme Esprit de Foulques, seigneur de La Garde, de Draguignan, et du Freinet en Provence, estant jeusne enfant en la ville de Paris, dans le collège du Mans, un lundy matin, entendant la messe dévotement, le 24 juillet 1580, que comme j'estois presque en extase, il me sembla voyr une vision d'esprits portant ma mère ez cieux ; et me sembla que l'un d'iceux m'admonestast de prier Dieu pour ma dite mère, trespassée la mesme heure. Cela exita mes larmes... Constraint de partir de Paris, à cause de la grande contagion, et voulant continuer mes études à Rome, je parvins à Thurin ; là, la triste nouvelle de la mort de ma dite mère me feust donnée par exprez, avec observation véritable du jour et heure de ma vision, comme j'en feus bien informé despuis, estant arrivé à ma maison audit Draguignan (1) ».

____

(1) *Catalogue des manuscrits de la bibliothèque de Carpentras*, par Lambert, t. I, p. 86).

Cas de télépathie, ne manquera pas de s'écrier la science moderne ; cas de névrose précoce, dirons-nous plus simplement, indice d'une nature impressionnable à l'excès, plus affinée qu'active, nonchalante et un peu rêveuse, un toujours « delayant», diront plus tard de lui ses créanciers.

De retour de Rome à seize ans, ses études à peine terminées, les Villeneuve, ses parents, grâciés depuis plus d'un an, l'un d'eux même — La Berlière — devenu gouverneur de Saint-Paul de Vence, eurent l'honneur de recevoir à Draguignan, en décembre 1581, dans son propre hôtel de la rue Saint-François (ancien hôtel de la Préfecture), le Grand Prieur qui y passa plusieurs jours (1). Que Malherbe ait été ou non du voyage, et tout porte à croire que le gouverneur ne se séparait guère d'un si indispensable auxiliaire, il est à présumer que le gentil adolescent aux grâces naissantes, qui captivera plus tard

> . . . . Les affections
> Du cœur, des yeux et des oreilles,

eut, par sa bonne mine, ses séduisantes manières, son esprit éveillé et cultivé déjà, le don de plaire au Grand Prieur qui l'engagea sans doute à venir à sa cour. A Draguignan se nouèrent, selon toutes les apparences, les premiers liens, trop étroits, nous l'avons vu, au moment où ils furent brisés par la mort, pour ne pas remonter à quelques années en arrière ; amitié

(1) Il y fit notamment deux procurations où il prend, entre autres titres, celui d'abbé de Chaise-Dieu, entouré de frère Claude Aube de Roquemartine, commandeur de Comps, et du neveu de celui-ci, de batailleuse mémoire, Jean-Baptiste de Rascas, seigneur du Muy et de Bagarris. (Notaire Mottet, année 1581, f° 794, étude de l'Estang, à Draguignan).

flatteuse en elle-même et précieuse encore plus par celle dont elle lui procura l'insigne faveur (1).

§ 3. — Commencement des embarras d'affaires. — L'essaim des créanciers. — Ouverture de la brèche des aliénations. — Le cabinet a voute d'arêtes de l'hôtel de la rue S¹-François. — Échauffourée ligueuse a Brignoles. — Participation de Fouque-la-Garde. — Poursuites contre les émeutiers et intervention du Grand Prieur. — Assassinat de ce dernier a la Tête-Noire. — Perte d'un puissant et très affectionné protecteur. — Date des premières relations avec Malherbe (1582-1586).

Mais de graves embarras d'affaires, qui ne feront que s'accroître avec les années, le retenaient dans sa ville natale. La fortune paternelle, assez ronde, avait été ébréchée par les frais de l'éducation à Paris, les dépenses de voyage à Rome et ailleurs, ou par la mauvaise gestion de la mère, en cela trop bien secondée peut-être dans son entourage, au point qu'elle ne laissa pas de quoi se faire enterrer. Avant qu'il ait atteint sa majorité, les demandes des créanciers pleuvent sur la tête du malheureux jeune homme. Son oncle le prévôt l'actionne en justice, sans doute pour reprises, et obtient 809 écus (2). Son beau-frère

(1) Plusieurs textes déposent indirectement des relations de la famille d'Esprit Fouqué avec le Grand Prieur ou son entourage. Le 18 février 1582, le beau-frère d'Esprit, Henri de Villeneuve-Vauvres, prête les mains à N. Gautier, contrôleur et premier secrétaire du gouverneur, pour tenir un baptême à Draguignan avec Anne Fouqué-la-Garde, épouse d'Antoine Brun du Castellet. (Arch. cˡᵉˢ, GG. 9, f 7 v°).

Le 21 octobre 1584, la même tint encore un baptême, cette fois avec un gendarme du Grand Prieur, Balthasar Blanc, dit le Prince, de Paris. (Ibid., id., GG. 9, f 176).

(2) Acte de compromis du 11 ou 12 décembre 1581, notaire Segond, f 207 (étude Etienne).

Villeneuve-Vauvres lui intente un procès devant le Parlement,
au cours duquel il met arrestation sur son blé de Châteaudouble, un blé prédestiné à être mangé en herbe. Les marchands
(les banquiers de l'époque), lui présentent des billets souscrits
par son tuteur pour fournitures ou argent prêté. Les fermiers
des tailles saisissent ses récoltes qu'ils vendent à vil prix. On
le fait condamner au paiement des frais de sépulture de sa
mère (1). Il n'est pas certain que les familles des victimes du
guet-apens de St-Bernard à Trans n'aient pas recours aussi
contre lui, comme lié d'intérêts avec son beau-père et ses beaux-
frères. Faute d'argent « pour satisfere » tout ce monde, il faut
céder des créances, aliéner des biens, et la brèche s'ouvre par
où passera tout le patrimoine, s'allégeant peu à peu et s'amin-
cissant à vue d'œil sur le cadastre dont il remplissait fièrement
une grande page (2).

Ces difficultés réglées, La Garde, comme nous l'appellerons
désormais, dut aller se fixer à Aix où l'attiraient tant de séduc-
tions à la ville et à la cour — nous parlons de celle du Grand
Prieur — car on ne le voit plus à Draguignan après le mois
d'août 1583. Il n'y reparaît qu'au commencement de 1585 pour
signer divers actes dans ce cabinet du rez-de-chaussée de son
hôtel, côté du jardin, à la voûte d'arêtes non sans style qui sem-

(1) Actes des 17 et 4 juin 1583, notaire Palayoni, f⁸ 588 v·, 557, 583 v·, 587 et 683 ; 9
août 1583, notaire Tulhe, f· 563 v· (étude Etienne) ; 17 juin 1585, notaire A. Raynaud,
f· 274 (étude de l'Estang), etc.

(2) Actes du 3 mai 1574, notaire Segond, f· 49 ; 28 mai 1582, notaire Arnoux. (Arch.
dépⁱᵉˢ, B. 2269. f· 29) ; CC. 12, f· 445 v·, CC. 13, f· 114, CC. 14, f· 213. (Arch. cᶦᵉˢ de
Draguignan).

ble avoir gardé le souvenir d'un maître de goût (1). Mais en juillet, étant à Brignoles, auprès de son beau-frère Rogier ou Rougier des Sieyes, on est un peu surpris de le trouver mêlé à une échauffourée politique, ayant un faux air de conspiration ligueuse qui n'était pas précisément pour plaire au gouverneur, frère naturel d'Henri III.

Un soir, entre 9 et 10 heures, une troupe de gens armés, aux allures suspectes, est signalée dans les rues de la ville royaliste, toujours sur l'œil depuis qu'elle se sent guettée par son redoutable voisin, le baron de Vins, généralissime de la Ligue. Le premier consul revêt incontinent sa cuirasse et marche au devant des séditieux, à la tête de sa patrouille. Dès qu'il les rencontre dans l'obscurité de la nuit : Qui va là, leur crie-t-il ? — Qui va là, lui est-il répondu ? — Le guet de la ville, réplique le premier consul, et aussitôt la troupe de charger et l'un des assaillants, le capitaine Lebar, de porter trois coups de hallebarde au chef de la municipalité. Là dessus grande rumeur. Le tocsin sonne, le viguier accourt avec son lieutenant. L'attroupement est dissipé, mais non sans s'être réclamé du second consul qui aurait autorisé cette patrouille, lui livrant même le mot de passe. A la faveur des lumières qui se sont montrées subitement aux fenêtres voisines, on a reconnu notamment Puget-Ramatuelle et La Garde.

La ville très émue demanda hautement justice au Parlement d'un si grave attentat. Il y eut information contre ses auteurs

(1) Ancien cabinet de l'inspection académique, aujourd'hui salle de réfectoire supplémentaire de l'école communale de filles.

ou complices, parmi lesquels le deuxième consul, aussi embar-
rassé dans ses réponses que louche avait été sa conduite (1).
Au milieu de la vive et générale surexcitation des esprits, l'affaire menaçait de prendre une fâcheuse tournure sans une intervention presque souveraine qui arrêta les poursuites. Au mois
de janvier 1586 un projet d'arbitrage arriva d'Aix qui fut soumis au conseil communal et approuvé sans restriction. Esprit
Fouque, sieur de La Garde, Raymond Puget, sieur de Ramatuelle, le deuxième consul et le capitaine Lebar étaient déclarés
« gentilshommes, gens de bien et d'honneur, respectivement,
bons serviteurs du Roi », etc. (2).

Lorsque nous aurons nommé le tout puissant et tout bienveil-
lant arbitre — Henri d'Angoulème — aurons nous besoin d'ex-

---

(1) Il se pourrait que, dans cette circonstance, La Garde eût été décrété d'ajournement
personnel et obligé de passer le guichet. Ainsi s'expliquerait l'allusion de la première
partie du vers :

Être en prison ou pour crime ou pour dettes,

qu'on lit dans un de ses sonnets autobiographiques (cf. Les œuvres, III). Quant à la dernière
partie, on va voir qu'elle n'était que trop justifiée.

(2) Ce capitaine Lebar est témoin à Draguignan, le 1er décembre 1586, d'un bail de la
moitié de la seigneurie de la Garde-Freinet et de la Moure, passé par Esprit Fouque, dans
son hôtel; notaire P. Mottet, f° 547 (étude de l'Estang).

Voir dans la séance du conseil du 15 janvier 1586 le compte rendu des députés envoyés
auprès du Grand Prieur « pour entendre l'appointement que luy pleu traicter et arrest
d'expédient que luy a pleu de fere sur le procès... entre la communauté et les sieurs de
la Garde et de Ramatuelle. »

L'arrêt, transcrit à la suite, est rendu entre la communauté, d'une part, et Esprit Fou-
cou (sic), sieur de la Garde, Raymond Puget, sieur de Ramatuelle, etc., d'autre part. (Arch.
c^{le} de Brignoles, BB. 27, f°s 3 et 105).

pliquer la priorité donnée dans la nomenclature des amnistiés à notre jeune compatriote ? (1).

Ce fut un des derniers et non des moins éclatants témoignages que La Garde reçut des bontés du Grand Prieur qui, dans cette circonstance, avait poussé la paternelle indulgence jusqu'à oublier un moment ses convictions politiques, nous allions presque dire les devoirs de sa charge. Au mois de juin suivant, il eut l'amère douleur de voir succomber son éminent protecteur dans le sombre drame du logis de la *Tête-Noire*, et la perte ne pouvait être plus accablante pour le jeune et bien aimé favori, doublement atteint dans ses affections et ses rêves d'avenir (2).

Son apparition à la cour du gouverneur lui avait valu, il est vrai, avec une notoriété déjà flatteuse, les plus enviables relations, entre autres celles du poète bientôt célèbre qui devaient être l'honneur de sa vie et de sa mémoire, par elles sauvée de l'oubli. Il faut donc rectifier une légère erreur dans les souve-

(1) S'il était besoin d'une nouvelle preuve de l'appellation généralement donnée à Esprit Fouque, nous la trouverions dans les textes brignolais où il est constamment dénommé le sieur de la Garde. Seul l'accord intervenu ajoute son véritable nom à son titre de seigneurie. Pour tout le monde, dans les relations de société et même dans les écrits autres que les actes d'affaires, à Brignoles comme à Draguignan, à Aix, à Paris, Esprit Fouque était M. de La Garde.

(2) Voici comment un historien moderne raconte le tragique évènement :

« Un gentilhomme provençal... Altoviti, mari de Renée de Rieux, ancienne maîtresse de François Ier, ayant écrit une lettre violente au ministre contre le Grand Prieur, ce dernier, qui en eut connaissance, se rendit en toute hâte à l'hôtellerie d'Aix, où Altoviti était logé et, sans recevoir ses excuses, il lui plongea son épée dans le sein. Frappé lui-même par Altoviti, il mourut le 2 juin 1586 ». (Rouchon-Guigues, *Résumé de l'histoire de Prov.*, 2e édition, p. 269).

nirs de Malherbe, datant en 1628 de *quarante* ans seulement
« l'heureuse connaissance » : formée du vivant même du Grand
Prieur assassiné en 1586, elle comptait forcément quelques bonnes années de plus.

§ 4. — LA GARDE, CAPITAINE DE LA LIGUE. — SES MÉMOIRES HISTORIQUES.
— VOYAGE PRÉSUMÉ A LA COUR D'HENRI III. — ADHÉSION AU ROI
DE NAVARRE. — D'ÉPERNON CHANSONNÉ SE VENGE DE LA CAUSTICITÉ
DU SPIRITUEL DRACÉNOIS EN FAISANT DÉMANTELER LE CHATEAU DE LA
GARDE (1586-1594).

Loin des sages conseils de son ami, qui était reparti pour la
Normandie avant le drame de la *Tête-Noire*, livré aux influences
de famille dans ce milieu des Villeneuve, foyer maintenant de
haines irréconciliables, leur jeune parent, dans toute la fougue de
l'âge, ne résista pas aux excitations de la lutte acharnée enga-
gée contre les Razats. Déjà l'équipée de Brignoles avait trahi
ses velléités politiques. En fin juin 1586 il est définitivement
enrôlé sous le drapeau de la Ligue, chargé par le baron de Vins
de lever une compagnie de 50 hommes de cavalerie à Cuers (1),
et l'achat qu'il fait à Draguignan, le 12 juillet, d'un corselet
« à preuve d'arquebuse », témoigne de son intention d'entrer en
campagne à la tête de sa compagnie (2). Trois ans après, nous
voyons les « ennemys du Roy » occuper son château de la Garde-
lez-Figanières, dont les sergents, qui en connaissent le ché-

(1) Arch. c^ia de Cuers, BB. 4. f°s 457 v° et 458.
(2) Notaire Mottet, 1586, f° 321 v°.

min, n'osent plus approcher depuis l'accueil trop *touchant* fait
à l'un d'eux (1). Son nom figure sur une liste de rebelles, à
Brignoles, à côté du baron de Vins (2) ; enfin il est à Carcès,
probablement dans le château, en 1590 (3), toutes circonstances
qui ne laissent aucune illusion sur son attitude et son rôle mili-
tant dans les rangs des Carcistes, au cours de cette période si
troublée. Les *Mémoires* historiques sur quelques évènements
du temps, conservés parmi les collections de Peiresc, à Carpentras, et qu'il faudra désormais lui attribuer, prouvent qu'il
partagea tous les aveuglements de ses corréligionnaires jusque
dans leur alliance coupable avec l'étranger, déplorable aberra-
tion des tristes passions politiques à ajouter, hélas ! à tant
d'autres de tous les temps (4).

---

(1) Des sergents, sommés d'aller exécuter des arrêts au château de la Garde, répondent
« que n'estoyt possible y aller, attendû que les ennemys du Roy tiennent et sont saizis
dud. chasteau.. et que, en oultre, quand cella ne seroyt pas,.. sont coustumés battre les
sarg[e]antz et officiers » ; un autre ajoute que « mesmes y ont bien battu ung de ses compai-
gnons [collègues] aultrefoys » (sommation du 28 avril 1589, notaire Michaelis, fᵒ 20),
étude de l'Estang).

(2) Arch. cˡᵉˢ de Brignoles, BB. 29, fᵒˢ 149, etc. Le *Rôle* des rebelles, qui en comprend
une cinquantaine environ, porte en tête : Monsieur de Vins, Monsieur de Thoramènes,
Monsieur de Ramatuelle et son frère ; Monsieur de la Garde, etc. Une transposition peu
exacte a fait de ce dernier le frère de M. de Ramatuelle dans la *Notice sur Brignoles* [de
Raynouard]. C'est là une erreur manifeste, un peu analogue à celle commise par le P.
Bougerel, dans l'interprétation de la lettre de Malherbe.

Décidément on donnait beaucoup trop de frères à M. de La Garde.

(3) Acte de bapt. du 20 septembre 1590 : parr., M. Esprit de la Garde ; marr., Marguerite
de Grignan, religieuse du monastère de la Cette. (Arch. cˡᵉˢ de Carcès, GG 3, fᵒ 5).

(4) Ce manuscrit sans signature, inséré au fᵒ 359 du registre LXVI des collections de
Peiresc (nᵒ du *Catalogue*, t. II, 359), est qualifié simplement *Mémoires de M. de la Garde*

Ne serait-ce pas durant ces dernières années, où ses absences le dérobent fréquemment à nos recherches, notamment en 1588, qu'il aurait effectué son voyage à la cour d'Henri III, trop tardivement — Malherbe encore nous l'a appris — pour jouir des faveurs du monarque conquis par son esprit d'élite et sa bonne grâce charmeresse (1) ?

L'intelligent patriote ne devait pas être des derniers à se rallier, avec les principaux de la noblesse provençale des deux camps, au grand parti national du populaire roi de Navarre. Ne fut-il même pas un de ceux qui, au dire des chroniqueurs, chansonnèrent l'ambitieux d'Epernon, devenu par sa sourde révolte un des plus irritants obstacles à l'union des partis et à la pacification générale de la province (2) ? quoi qu'il en soit, lancées en vers ou en prose, ses flèches spirituelles traversèrent la cuirasse du fier Gascon et pénétrèrent si avant dans les chairs qu'elles le mirent hors de lui. De sa fureur, un témoin subsiste dans nos pittoresques gorges de Châteaudouble, qui en conserve le mélancolique souvenir. C'est là haut, sur la crête, d'où sa

et ne saurait être mieux attribué, à notre avis, qu'à Esprit Fouque. Il suffit de le comparer avec le n° 159 pour être aussitôt frappé de la parfaite similitude des écritures. L'auteur raconte les évènements qui précédèrent le départ du duc de Savoie (1592), pour lequel il ne dissimule pas ses sympathies.

(1) Comment concilier avec l'accueil reçu, attesté par Malherbe, la virulence du sonnet sur l'assassinat de Bussy (cf. III, *Les œuvres*,)?

(2) « On chansonne le duc d'Epernon, en 1593, quand il assiège la ville d'Aix. En 1596, on le chansonne encore, quand il sort de Provence ». (*Louis Bellaud de la Bellaudière, poète provençal du XVI° siècle. Etude historique et littéraire*, par Augustin Fabre, Marseille, 1861, p. 108).

brune silhouette émerge de la verdure des fourrés, le vieux château de la Garde, démantelé par le vindicatif gouverneur pour châtier son maître trop caustique.

Nostradamus a raconté l'épisode avec le plus de détails, y ajoutant quelques traits de physionomie intéressants à rapprocher du médaillon d'après Malherbe, avec lequel ils offrent une ressemblance frappante.

1594 « La Garde, gentilhomme de Draguignan, du surnom et armes des Foulques, qui tiennent trois soleils d'argent en champ de gueules, n'a guère moindre suject de se souvenir d'une tresve si maudite, puis que ce fut en ce mesme temps que le Duc d'Espernon, duquel il avoit parlé un peu trop librement et en jeu, luy fit razer de fonds en comble son chasteau d'habitation. *Ouy quelle adresse d'esprit et de promptes et galantes responses qu'il sçache avoir sur tous les autres du pays :* ce qui sans doute porta le Duc à ceste lamentable et prompte ruine, piqué d'extrême despit. Tant y a que, si quelques édifices doivent estre espargnez, ce sont, après les temples et les maisons des nobles............ » (1).

___

(1) *Hist. et chron. de Prov.*, 8ᵉ partie. p. 988.

Nostradamus parle au figuré. Le château fut démantelé et ruiné, mais non rasé et il en resta le squelette, qu'on ne prit pas la peine de démolir, le temps devant s'en charger.

L'expédition eut lieu vers avril ou peu avant, comme en témoigne l'article de dépense suivant, tiré des comptes communaux de Fréjus :

[24 avril 1594) « A payé à [Anthoine] Barboux deux escus pour deux jours qu'il a vacqué deux siens chevaulx pour porter de poudre lhors que Monsieur d'Espernon alloyt assieger le chasteau de la Garde... » 2 écus. (Arch. cᵐ, CC. 71, 1593-1595, fᵒ 198 vᵒ).

Honoré Bouche écrit de son côté :

Si le père Bougerel, qui ne consulta pas plus les historiens
que les généalogistes, avait ouvert simplement Nostradamus,
un contemporain aussi favori du Grand Prieur, ou le classique
Honoré Bouche, au lieu d'être réduit à forger de toutes pièces
— ou plutôt sans pièces — un Villeneuve de fantaisie, il y
aurait retrouvé M. de la Garde avec son origine, son « surnom
et armes », son esprit ingénieux et primesautier, c'est-à-dire
avec sa « belle conversation » relevée au besoin par une fine
pointe de malice.

§ 5. — Voyage a Lyon auprès d'Henri IV. — Emprunts et libéra-
 lités. — Saisie des biens. — Procès en revendication du chateau
 de la Garde-lès-Figanières par le comte de Foix. — Perte de
 la seigneurie de la Motte. — Le sergent Ardict, la pieuvre
 légale. — Détresse et maladie. — Insouciance philosophique
 et fièvre de travail. — Procès et envois de sangliers des
 vassaux du Freinet (1595-1621).

Lorsqu'en septembre 1595 l'Union royaliste d'Aix envoya ses
délégués auprès d'Henri IV, à Lyon, où il s'était rendu « afin
de régler les affaires du Midi » (1), La Garde résolut de se join-
dre à la députation. Il ne lui manquait pour cela que 1000 écus
qu'il réclama bonnement, à titre de prêt, à ses vassaux de la

---

1594. « Voire le... Duc d'Epernon, pendant cette. . trève,... fit razer le château de la
Garde près de Draguignan, en haine de ce que le seigneur de ce château, *personnage assez
libre en son parler* (qui est venu bien avant en nos jours), l'avoit piqué en quelques-unes
de ses railleries ». (*Hist. de Prov.*, II, 800).

(1) Henri Martin, *Hist. de France*.

Garde-Freinet, un peu ahuris de si exorbitante demande. Malgré la succession du grand père maternel (1); malgré l'héritage plus récent de l'oncle le prévôt — accepté, il est vrai, sous bénéfice d'inventaire (2), — on était toujours dans les mêmes besoins d'argent, réduit à faire appel au crédit, même à emprunter sur gages. L'un des nombreux créanciers, capitaine Aubertin Mazin, de Grasse, des parents de Bellaud de la Bellaudière, le charmant bohème avec lequel La Garde paraît avoir eu des rapports, a avancé notamment seize écus, échus depuis longtemps, qu'il n'est jamais parvenu à rattraper. Après sa mort, Christophe, son fils, se fait remettre en nantissement une bague en or où « y a neuf petites pierres enchâssées, rouges, l'une auprès de l'autre » (3).

Toutefois les obsessions de M. Dimanche n'empêchent pas de se montrer libéral à l'occasion vis-à-vis des autres. On ne paye pas ses dettes, et on donne à un cousin, Auban Fouque, sieur de Baudron, tout un « affar » de terres en ce quartier et on y ajoute une pension de 40 écus sur le Trésor. Il a rendu tant et de si « agreables services » cet excellent cousin, de tout temps particulièrement affectionné, et puis naît-on impunément grand seigneur (4) ?

En attendant, les procédures vont leur train. Les biens ru-

---

(1) Décédé vers 1583.

(2) Décédé en 1593.

(3) 20 août 1599, acte de sommation, notaire Arnoux, f° 858 (étude Etienne).

(4) Acte de donation du 11 août 1600, notaire Mottet, insinué le 11 septembre suivant. (Arch. dép^les, B. 408, f° 642 v°, etc.).

raux deviennent la proie des collocations, et le pauvre hôtel de
la rue St-François, saisi pour tailles, est loué à un couturier
après avoir logé des Altesses. Son insouciant propriétaire ne reparaît à Draguignan, où trop de tracas l'assiègent, que par inter-
valles, pour une grosse affaire de succession — grosse de
procès, — à moins que ce ne soit pour tenir un baptême avec
quelque marquise (1).

Au milieu de quelles inextricables complications se débat en
effet cette nature de penseur et d'artiste, ce mondain raffiné, né
pour la parade élégante des salons et condamné à se morfondre
dans les antres de la chicane ou dans d'autres lieux voisins,
encore plus à l'ombre, dont il vit comme jadis Villon, comme
son ami la Bellaudière, retomber derrière lui la lourde et triste
porte ! Ce n'est point assez de disputer à la meute des sergents
les débris du patrimoine familial ; voilà qu'il faut maintenant le
défendre contre des revendications d'outre-tombe formulées au

(1) Blanche de Solliès, femme de Jean de Villeneuve, marquis de Trans. Esprit Fouque
tint avec elle à Draguignan, le 19 février 1608, une fille de Raphaël Figuière, de la Motte,
son avocat, dont il eut plus tard si peu à se louer. (Arch. c^{les} de Draguignan, GG. 16).

La Garde était aussi à Draguignan en mars 1598. (Arch. c^{les}, BB. 18, f° 467).

Quant à la succession poursuivie à la même époque, c'est celle de son cousin germain
Pierre Fouque, sieur de la Motte, décédé ne laissant que des filles. Esprit la revendiqua
et l'obtint en vertu de la substitution du fief de la Motte de mâle en mâle, apposée au testament d'Honoré, son aïeul précité.

Mais ce ne fut pas sans lutte, récriminations et pleurs de la part de la veuve. Obligée
de quitter la maison de feu son mari, Isabeau de Claris ne put se contenir et outragea le
fils dans l'honneur de sa mère, répétant, d'après un ouï-dire, qu'elle était une p.. Esprit
la contraignit à faire amende honorable (30 mai 1608). (Arch. dép^{les} du Var, B. 461, f°s 713
et 717).

nom des descendants à la cinquième génération des possesseurs d'antan. Ces surprises n'étaient pas rares sous le régime successoral des substitutions indéfinies, autorisées par notre ancien droit pour le plus grand profit des gens de justice.

Jean-Frédéric de Foix, arrière petit-fils d'Anne de Villeneuve, fille de Louis, premier marquis de Trans, et d'Honorate de Berre, réclame en effet la restitution de tous les biens de ses ancêtres substitués par des testaments datant de bientôt un siècle. Or parmi ces biens, se trouvent les terres de la Garde-lez-Figanières et la Motte, aliénées par les héritiers de Louis de Villeneuve en faveur d'Honoré Fouque, aïeul d'Esprit, la première en 1542, la deuxième en 1563 et que ce dernier a réunies sur sa tête. Le procès, déjà pendant au Grand Conseil en 1579, dure, selon l'usage, des années, entraînant pour lui des déplacements et des frais qui l'obligent à recourir à des bourses amies. Il réussit cependant à sauver la Garde, mais il a le chagrin de se voir enlever, par un arrêt du 3 septembre 1612, la Motte et, à la suite, l'hôtel de la rue St-François que son adversaire victorieux retient pour les dépens.

Puis, lorsqu'il est parvenu, non sans peine ni débours, à se faire reconnaître maître unique et incontesté de la Garde, arrive l'hoirie de Villeneuve-la-Berlière qui, en vertu de nous ne savons quelle créance de famille, exerce sur ce domaine la série procédurière des saisies, exécutions, séquestrations, collocations, etc. Les soldats de d'Epernon ne rasèrent et imparfaitement qu'un manoir plus ou moins habitable ; l'âpre nuée des sergents rase plus proprement le sol, et il ne reste au pauvre seigneur qu'un château sans toiture et une terre sans produit.

> Être étranger, n'avoir point de retraite,

soupirera-t-il tantôt non sans mélancolie ni raison. S'il lui restait au moins la libre disposition de ses revenus de la Garde-Freinet ! Mais un sergent Ardict — trop bien nommé, — d'autant plus inexorable qu'il poursuit pour son propre compte, passant sur le corps de ses confrères, a bientôt fait de tout saisir, même ce qui l'est déjà et enlace si bien sa proie dans ses redoutables tentacules qu'il ne la lâche même pas sur un lit de douleur.

Tout conspire contre l'infortuné gentilhomme, tout se réunit pour fondre à la fois sur sa tête en cette année de disgrâce 1618. Plus aucun revenu, nulle ressource, pas même un abri, et la fièvre qui le mine par surcroît, sans désarmer la pieuvre légale, l'impitoyable Ardict (1) ! De plus vaillants auraient succombé sous ces coups répétés du sort, sous ce poids accablant de la destinée. Lui n'entretint oncques un commerce plus assidu, plus passionné avec ses auteurs favoris, avec la muse, ne mit tant d'ardeur à colliger, butiner, composer. La transcription au moins de la plus grande partie de l'unique et volumineux manuscrit littéraire qui nous reste de lui, appartient à cette année néfaste. Et sa Calliope ne fut jamais plus heureusement inspirée qu'en chantant ses cruelles infortunes, avec quel détachement, quelle sérénité imperturbable mêlée d'un grain d'ironie ! Le poète possède évidemment un fonds de philosophie

(1) Cf. sommations des 11 août 1618, 20 août et 30 septembre 1620, notaire Malespine, fᵒˢ 971 vᵒ, 1261, 1298, 678 et 1272 (étude Etienne, à Draguignan).

inépuisable auquel celui de son escarcelle n'a que le grand tort
de ne pas ressembler. Quant à la table, elle n'a pas cessé d'être
recherchée et sans doute constamment ouverte ; car, au milieu
des ennuis sans nombre et sans répit dont il est abreuvé et
encore qu'il soit en procès avec ses vassaux de la Garde-Freinet,
il ne néglige pas, au besoin, de leur demander de faire chasser
pour lui au sanglier. Eux-mêmes, connaissant le péché mignon
de l'adversaire, n'ont garde d'oublier — pour l'amadouer — les
envois de « beste fere » ou de « bestes cabrolles », qu'ils savent
d'avance devoir être beaucoup mieux goûtées que tous leurs
arguments juridiques (1).

§ 6. — La Garde familier de Peiresc et de Gassendi.— Succès du
procès en réintégration de la Motte, etc. — Maladie a Draguignan au logis de la Croix-d'Or. — Obsessions du sergent
Ardict. — Mort de Malherbe et la fin d'un beau rêve. —
Inextricables embarras. — Commande suggestive de meubles
(1626-1629).

Au printemps de 1626. La Garde, réinstallé depuis quelques
années à Aix, où son existence échappe à nos recherches, poursuit devant le Parlement contre son cousin par alliance, Lascaris-Châteauneuf, des comtes de Vintimille, la restitution des
diverses seigneuries de famille dont il avait été dépossédé,

(1) Esprit Fouque, seigneur de ce lieu de la Garde-Freinet, « a envoyé de luy chasser »
(21 octobre 1618, f° 136).

« M. de la Garde a mandé par cy-devant de luy faire tuer un sanglier, ce que lad. communauté a faict. » (8 février 1619, f° 142 v°).

notamment celle de la Motte (1). On peut croire qu'il ne néglige
pas plus qu'un autre de solliciter ou de faire solliciter ses juges
avec l'insistance naturelle aux plaideurs de tous les temps. Il
fait entre autres au célèbre Peiresc, son ami, de fréquentes
visites, trop fréquentes même au regard des multiples occupa-
tions du laborieux investigateur et aussi des ménagements que
réclame une délicate santé. Aussi, un jour que les fâcheux avaient
été plus nombreux et plus encombrants, Peiresc ne peut répri-
mer un petit mouvement d'impatience bien naturel, en écrivant
à Gassendi : « Tous mes amis n'ont pas la même discrétion
que vous et me viennent presser de travailler [intercéder ?],
qui pour l'un qui pour un autre, et M. de la Garde tout le premier ; de sorte que, si vous luy en faictes un jour de reproche,
ce ne sera pas sans cause légitime (2) ». A quoi Gassendi de

Au sujet du procès des fours, le consul « remonstre que seroyt bon fere présent d'une
beste fere, telle que se porra, et sera portée à M. de la Garde à Aix... ».

Députer à Aix pour porter « deux bestes cabrolles.... » (4 avril 1621, f° 199).

Cf. autres délibérations de 1621, 1623 et 1634. En décembre 1634, ce procès des fours
durait encore et pendait au Parlement de Grenoble. (Arch. c^ies de la Garde-Freinet, BB. 5).

(1) Augustin de Lascaris-Châteauneuf, des comtes de Vintimille, fils de Claude et de Pierre
(Pierrette) d'Agoult, avait épousé en 1571, à Draguignan, Jeanne Fouquesse, cousine
d'Esprit, fille de feu Antoine, docteur en droit et avocat. (Arch. dép^tes, B. 402, f° 538).

Comme conquête du Tiers-Etat dans l'ordre social par la puissance invincible du travail
et de l'épargne, que dire de cette petite-fille du lainier de la Place du Cros entrant dans la
descendance des anciens empereurs de Constantinople ?

(2) Le regretté Tamisey de Larroque avait cru voir dans ce personnage quelque membre
de la famille provençale de la Garde à laquelle appartenait le vertueux André de la Garde,
comme s'exprime Roux-Alphéran, dit-il, natif de Marseille, procureur général au Parlement
en 1694 et décédé en 1728.

Il est assez surprenant que le savant autant que sagace éditeur n'ait pas songé plutôt à répondre sur un ton de familiarité qui donne bien la note de ses bonnes relations avec le sympathique importun : « Si M. de la Garde n'est sage désormais, je le recommande à fanfreluche (1) ».

Le procès gagné (2), La Garde quitta la ville où il recevait à sa table marquis et ducs, alléchés par la haute saveur de son esprit et des succulentes hures des sangliers des Maures, lorsqu'il n'était pas traqué à son tour comme un fauve, et rentra au gîte dracénois,

> Trainant l'aile et tirant le pied,

sa santé, semble-t-il, aussi épuisée que sa bourse. Nous le trouvons en août, réfugié dans l'ancienne maison paternelle, devenue une hôtellerie banale à l'enseigne, combien ironique, de la *Croix d'or*, et il y languit, souffrant, durant de longs mois. Mais Ardict, inéluctable et sans entrailles, ne lui fait pas grâce de ses visites. Il vient, revient souvent, le harcèle, le presse d'entrer en compte, de liquider un long arriéré, de lui abandonner jusqu'à entière satisfaction les « fruits » de la Garde-Freinet. Voilà trois mois que son débiteur « s'excuse sur l'indisposition, le dellayant de jour en jour ! »

l'ami de Malherbe, contemporain de Peiresc, et tout indiqué par ses goûts et ses œuvres d'intellectuel, comme l'un de ses familiers (*Lettres de Peiresc*, IV, 178 et 181.)

(1) Tamisey de Larroque avoue n'avoir trouvé cette expression ni dans nos lexiques ni dans nos vieux auteurs.

Fanfreluche ne personnifiait-il point, par hasard, l'amusette favorite de La Garde, la poésie légère, pour laquelle on comprend le profond dédain du grand philosophe ? comme s'il avait dit : nous le renverrons à sa bagatelle !

(2) Par arrêt du Parlement, Esprit Fouque-La Garde fit condamner Lascaris à lui rendre et désemparer les places de Soleillas, Vauplane et la Motte (cf. procuration donnée le 24 avril 1626, notaire Porcelly, f° 469, étude de l'Estang).

Le malade proteste de sa « bonne intention de sourtir d'affaires », « may prefferant sa santé à toutes choses », comme de raison, il demande en merci qu'on le laisse se rétablir et retourner à Aix où sont tous ses papiers sous clé. Si l'on veut prendre les revenus de la Garde-Freinet, que ce soit « à l'amiable », « sans aulcungs exploicts et contrainctes », sans « despans frustratoires ». Il en a tant essuyé, le malheureux, qu'aurait pu lui éviter son avocat, Mᵉ Figuière, la négligence en personne, auquel il dira son fait dans l'occasion (1) !

La réponse de Malherbe indique que La Garde lui avait écrit de notre pays, de sa « délicieuse Garde-du-Freynet », où il passa notamment toute l'année 1628, veillant d'un œil jaloux à la conservation du précieux gibier que l'on sait, dans une localité qui fournissait, semble-t-il, beaucoup plus de braconniers que de bons soldats (2). C'est là que lui parvint, selon toutes les apparences, la douloureuse nouvelle de la mort du grand poète, d'autant plus accablante pour lui qu'il y était moins préparé, à en juger par le ton visiblement enjoué de sa lettre et le projet de sa très

______

(1) Cf. procuration du 24 août 1626, notaire Porcelly, fᵒ 466, et sommation du 19 décembre suivant, notaire Malespine, fᵒˢ 1496 et 1366 (étude Etienne).

(2) Cf. sommation des consuls de la Garde au bailli de Grimaud qui aurait fait des procédures contre des chasseurs de sangliers, du 22 septembre 1628.

Esprit Fouque, intervenant, dit qu'on n'a sévi que contre « quelques chasseurs incorrigibles qui vont constamment aux grandes et petites chasses avec harquebuses », tandis qu' « il est très veritable qu'en ce lieu, *il n'y a pas eu un seul homme qui ayt jamais servy le Roy*, ny capable de le pouvoir faire; au contraire, la pluspart, borgeois et païsans... escandalisent les passants à les voyr si insolemment armés.... ». Notaire Perrin, fᵒ 378 (étude Granier, fils, à la Garde-Freinet).

prochaine visite. Il perdait à la fois un vieil ami des plus affectionnés et le précieux appui d'un tout puissant patronage.

Adieu maintenant le rêve du triomphal retour à la cour ! S'il fut réalisé — ce qui est douteux — ce ne dut être que bien plus tard, les trois années qui suivent ayant été passées presque sans interruption à la Garde, la Motte, ou Draguignan, toujours au milieu des mêmes tracas d'affaires, des énervantes préoccupations d'argent, dans un perpétuel travail de combinaisons et d'expédients (1). Le lourd passif roule, incessamment grossi, vers un avenir obscur, chargé de le liquider. En mai 1629, il faut engager cinq annuités des fermages de Soleillas pour rembourser 1800 liv. à un Vintimille « illustre et genereux » — généreux autant qu'un créancier peut l'être (2). On finit par régler une note vieille de trois ans à la *Croix-d'or*, sans éviter condamnation pour une nouvelle dette de 48 écus (3). Ce qui bien plus que les

(1) Grâce aux actes publics de toute nature qu'entraînait fréquemment l'administration d'une seigneurie, on ne perd pas un jour de vue Esprit Fouque, dans nos études de notaires qui nous furent ouvertes à Draguignan, nous n'avons pas à dire avec quel aimable empressement et à la Garde-Freinet avec une urbanité exquise par le regretté M. Guillabert.

Or, durant ces trois ans, le plus long intervalle passé sans rencontrer notre compatriote va du 16 février au 22 avril 1630. Cette absence probable, coïncidant avec le séjour à Lyon de la reine-mère — l'auguste protectrice — pourrait autoriser l'hypothèse, mais la simple hypothèse du voyage qui était depuis si longtemps « *in votis* ». Cf. actes des 12 février 1627, notaire Malespine, f° 94 ; arch. dépl°, B. 363, sentence du 1ᵉʳ juillet 1630, acte du 12 juin 1629, notaire Malespine, f° 302 et *passim*.

(2) Cession du 31 mai, notaire Garcin, à Trans, f° 545. (Arch. dépl°, S.E., *Notaires et tabellions*, notaires de Trans, et acte de sommation du 11 août 1629, notaire Olive, f° 275 (étude de l'Estang).

(3) Quittance du 15 octobre 1629, notaire Olive, f° 349.

objurgations, menaces ou poursuites des créanciers semble préoccuper l'incorrigible amphitryon, c'est la confection de lits, dressoir et table [à manger ?], dont la commande faite apparemment après le gain du procès, est très suggestive, étant données ses habitudes invétérées d'hospitalité. Il talonne et somme devant notaire les ouvriers, aussi peu empressés à en effectuer livraison qu'il l'est d'ordinaire à régler leurs factures (1).

§ 7. – Retraite a la Motte. — Un type de seigneur philanthrope. — Paternelles admonestations aux vassaux. — Souvenir a ceux de la Garde-Freinet. — Dernières et implacables revendications de famille. — Mort inconnue. — L'épitaphe (1629-1635).

Définitivement rentré en possession de la Motte, La Garde quitta le Freinet pour revenir en son « petit Saint-Germain », surveiller de chez son bailli les travaux d'agrandissement d'une sienne maison du quartier de la Forge, dont il veut faire une façon de château seigneurial. Pour bâtir, naturellement il emprunte, demande des acomptes à ses fermiers, tandis qu'avec ses débiteurs il transige, faisant *grâce du surplus*, toujours gêné et toujours libéral (2). Il y a beau temps, nous l'apprendrons tantôt de sa bouche, qu'il est même résigné à

N'avoyr jamais ce que l'hon a presté.

(1) Acte de sommation du 15 mars 1629, notaire Malespine, f° 150 v°.

(2) Actes des 11 et 28 avril, 31 mai 1631 et 19 mars 1632, notaire Garcin, à Trans, f°⁵ 403 v°, 523, 637 et 57.

Pour la première fois en contact direct et journalier avec une population toute agricole, si sa délicatesse exquise en éprouve plus d'un froissement, sa sollicitude y trouve mainte occasion de s'émouvoir et de s'affirmer. Quelle anarchie morale et matérielle dans ce petit fief rural, abandonné à lui-même durant un demi-siècle ! Il essaye d'éveiller autour de lui les âmes et les cœurs, *sursum corda!* d'"enrayer de déplorables habitudes de paresse, de désordre, de violence, contractées depuis cinquante ans qu'aucun seigneur n'est plus présent pour exercer un peu de surveillance, maintenir la discipline et la bonne harmonie, donner l'exemple du bien vivre. Cette nature idéaliste rêve d'élever le niveau d'un milieu de paysans, dominé naturellement par ses grossiers instincts, de l'éclairer sur ses intérêts moraux et ses besoins matériels, les conséquences désastreuses de son imprévoyance, d'arrêter ses penchants funestes, dissiper ses erreurs et ses préjugés. Généreux anachronisme !

D'abord, plus de travail le dimanche, dit-il aux consuls ! Un peu moins de temps à la pêche et à la chasse et un peu plus à la culture de « votre bon terroyr, la plus part jacent [en jachère] » ! Respectez donc mieux vos forêts, cette richesse naturelle ! Et tous ces jardins sans clôture, et ces chemins si mal entretenus, et ces eaux potables, « dont Dieu vous a abondemant favorisés », que vous laissez perdre par votre incurie ! Que d'affligeants spectacles pour qui s'intéresse à vous et a cure de votre bien-être !

Notre malheureuse province est désolée par la peste, et vos avenues restent librement ouvertes ! Dans votre inconcevable apathie, vous n'avez pas même songé à vous assurer le secours

d'un médecin, d'un chirurgien, les médicaments d'une officine !
Puis, faisant vibrer non sans habileté la corde de l'amour
propre local : Que ne prenez-vous « exemple » sur « vos bons
voisins » [les habitants du Muy ?] qui, eux, ont l'intelligent souci
de leur conservation et ne reculent, pour se préserver, devant
aucune précaution, aucun sacrifice !

C'est « vostre bon et legitime seigneur » qui vous avertit
« charitablement » et voudrait éviter de recourir à l'intervention
de la justice. J'ai mandé tout exprès un notaire royal du voisi-
nage pour vous rappeler publiquement les devoirs de vos fonc-
tions. Si, dans huit jours, vous n'aviez pris aucune mesure, je
saurais ce qui me reste à faire (1).

Le compte que tinrent les consuls de ces sages conseils
— comminatoires à regret — l'histoire de la Motte, plus muette
que les carpes de la Nartuby, n'en dit mot (2). D'ailleurs
l'indulgent seigneur n'oublia-t-il pas bien vite ses sévères menaces ? Il avait en effet d'autres adversaires à fouetter en justice,
le sempiternel Ardict (ces sergents avaient la peau dure),
qu'en sa qualité de réformé, il fallait traîner à Grenoble, devant
la chambre de l'Edit et, avec lui, Me Raphaël Figuière, l'incurie
faite homme — n'était-il pas de la Motte ? — puis le séquestre,
sans doute tous co-partageants !

N'importe ! l'intellectuel mondain que nous connaissions
jusqu'ici par ses dettes beaucoup plus que par ses œuvres, se

(1) Acte de sommation du 26 septembre 1631, f° 845 notaire Garcin, à Trans.

(2) Les archives de la Motte, aussi pauvres que leur seigneur, ne remontent pas au-delà
de la 2e moitié du XVIIe siècle.

révèle dans cette admonestation paternelle et ferme sous un jour nouveau de bonté éclairée, d'esprit progressiste, nous allions dire de dévouement philanthropique. Ce seigneur, formé à la rude école de la fin du XVIe siècle, n'est point banal, qui se préoccupe à ce degré de la moralité, de l'hygiène, de la prospérité des paysans de son fief. Il ne ressemble en rien au légendaire tyranneau féodal, ni au type d'égoïsme hautain et rogue du bourgeois parvenu, que la loi constante du flux et du reflux des fortunes substituera de plus en plus, encore mal décrassé, à la noblesse de roche, dont il prendra la morgue sans la faire excuser par la même distinction des sentiments et des manières, ni par aucun service public. Dans ce petit-fils de marchand se sont épanouies, parce qu'elles sont arrivées à maturité, les qualités accumulées d'une vieille race successivement épurée à travers les diverses couches, naturelles et fines fleurs d'aristocratie qui sont le produit et le couronnement de la fortune et la plus brillante parure d'une société.

Mêmes attentions bienveillantes pour ses vassaux de la Garde-Freinet, encore que trop chasseurs et un peu processifs. Même empressement à leur être utile sans la moindre rancune. Ils ont besoin d'un titre qui est entre les mains d'un parent, Rougier-St-André. La Garde réussit à le leur procurer, de quoi on le remercie par le présent, toujours bien venu, d'une paire de perdrix. L'habitation, en retard sur bien d'autres villages, manque encore d'horloge en 1634. Le seigneur connaît « certain personnage quy [en] avoit ung pour vendre et qu'on l'auroit à bon marché », — ce sont les consuls qui parlent, — et il s'est fait un plaisir de leur signaler cette excellente occasion de réaliser une amélioration si souhaitable (1).

Par ces témoignages d'intérêt et de bonté de l'homme de cœur que les sergents ne furent pas les seuls à exploiter, se clôt la série des documents recueillis sur sa vie si peu connue, si tourmentée et encore bien obscure. Hélas ! son heure allait bientôt sonner à une autre horloge que celle de la Garde-Freinet, d'où il avait eu la douleur cruelle d'être expulsé par d'implacables revendications de famille (2). Il ne survécut que peu de temps à cette suprême injure et s'éteignit entre avril et novembre 1635, sans qu'il nous ait été possible de découvrir, malgré toutes les investigations, le lieu, ni la date précise du décès (3).

Comme la plupart des détails de sa biographie, sa mort nous est révélée par des actes de procédure, car les gens de justice continuèrent à piétiner longtemps la tombe du pauvre prodigue dont la succession embarrassée fut pourvue d'un curateur qui lui aurait été bien plus [nécessaire à lui même sa vie durant (4).

---

(1) Délibération des 12 février et 19 mars 1634, BB. 7, f°s 259-260 v°. (Arch. c^{les} de la Garde-Freinet).

(2) Suivant arrêt du 7 avril 1634, obtenu à la requête de Louise Fouque, veuve de Villeneuve-Vauvres, sœur d'Esprit Fouque, celui-ci avait été partiellement dépossédé, par collocation, du fief de la Garde (cf. sommation du 25 février 1639, notaire Olive, f° 687).

(3) Le 15 avril 1635, il est encore parlé des exécutions à faire contre lui par la communauté de la Garde-Freinet (arch. c^{les}, BB. 7, f° 290 v°), et, le 2 novembre suivant, Esprit Brun du Castellet, son neveu et filleul, donne procuration à l'effet de comparoir à « l'ouverture des coffres de feu Esprit Fouque, sieur de la Garde... », dont il est « le plus proche ». (Notaire Bonnet, f° 1515, étude de l'Estang).

(4) Cf. l'arrêt du Parlement du 30 juin 1645. (Arch. dép^{les}, S.E., *Titres de famille* famille Limon).

La Garde dut mourir intestat ; on ne trouve en effet ni aux insinuations d'Aix ni à celles de Draguignan, aucune mention de dernières dispositions (1). Au fond, qu'aurait-il bien pu laisser ? Quelques dettes criardes ou quelques rimes sanglantes à Me Figuière ou au sergent Ardict, qui se seraient naturellement dispensés de remplir les formalités légales pour se faire mettre en possession.

Son existence, tour à tour brillante et misérable, est tout entière en un quatrain mélancolique qu'il trouva, un jour de « mal en teste », au fond de sa tristesse ou de son escarcelle :

> Qui a d'argent on luy fait feste ;
> Qui n'en a point a mal en teste
> Et tient-on pour un grand fol,
> Feust-il si sage que saint Pol (2).

Par hasard, le doux ironiste n'aurait-il pas, ce jour-là, composé sa propre épitaphe ?

---

(1) On sait qu'aux termes de l'ancienne législation, tous les actes contenant donation entre-vifs ou par testament étaient insinués, c'est-à-dire transcrits in extenso dans les greffes du ressort de la situation des biens, de telle sorte que cette transcription se répétait autant de fois qu'il y avait de ressorts différents où se trouvaient des biens donnés.

(2) Manuscrit de la bibliothèque de Carpentras, nº 154, fº 285. (V. III, *Les œuvres*).

III

Les Œuvres

§ 1ᵉʳ. — Miscellanées du manuscrit de Carpentras. — Matériaux d'un livre de morale et d'un choix de morceaux de littérature et d'histoire, carnaval ou délassement des honnêtes gens. — Savoir, croyances, sentiments et superstitions d'un humaniste. — Gout pour les maximes. — Pensées religieuses, philosophiques, morales et politiques.

On a plusieurs fois et toujours vainement recherché dans les bibliographies et ailleurs une trace quelconque des deux œuvres — sans doute restées inédites — que nous ne connaissons plus que par leur titre et par le très grand éloge qu'en fait Malherbe, un peu sur ouï dire et beaucoup sur la réputation de l'auteur, l'*Histoire sainte* et le *Carnaval des honnêtes gens*. Or, dans ces mêmes collections Peiresciennes de Carpentras qui nous ont conservé son précieux témoignage, il existe d'Esprit Fouque — est-ce bien une coïncidence fortuite ? — un volumineux manuscrit dont la composition n'est pas pour contredire à l'opinion du maître sur ses goûts et ses talents.

Ce petit in-folio de 432 feuillets, d'une écriture serrée, est intitulé : « *Theologica et moralia ex variis auctoribus excerpta, tum sacris, tum profanis, nec non alia notatu digna, collectore Spiritu de Foulques* », *alias* seigneur de la Garde de Draguignan et de Freynet en Provence (1). Composé vers 1618, probablement sur notes volantes antérieures, prises à diverses époques (il en reste quelques-unes dans les feuillets du registre, non transcrites), il servit postérieurement de mémento ou d'agenda littéraire à son possesseur, passionné collectionneur de morceaux choisis.

Les premiers chapitres, qui déterminèrent le titre, sont théo-

---

(1) Lambert, *Catalogue*, II, 241 et *Catalogue général des manuscrits*. Départements, XXXIV, *Carpentras*, I, 86, n° 154.

Voici l'analyse du manuscrit d'après cette dernière publication :

Fol. 1. « *Ubi esset Deus ante conditum orbem* ».

Fol. 2. « *De cruce Salvatoris meditandâ* ».

Fol. 50. « Moralités humaines et théologales *De quinque gaudiis Beatissime Virginis* ».

Fol. 79. « Oraison. Très Sainte Vierge, miracle nouveau de grâce..... ».

Fol. 110. « Sentences morales de plusieurs autheurs saints et prophanes ».

Fol. 176. « Des flatteurs ».

Fol. 192. « Notable de l'apparition des spectres ou ombres des morts ».

Fol. 203. « Hystoire plaisante de certains gueux ».

Fol. 214. « Des maignans, ou vers à soie ».

Fol. 313. « *Ex Aristotele universalia* ».

Fol. 407. « Notice sur les empereurs romains, J. César, Caligula, Néron », etc.

Fol. 418. « Traicté sur la mort ».

Fol. 427. « *Vocabula varia* ». Recueil de sentences.

Aux fol. 16 v° et 293, note se rapportant à l'année 1618 et, au fol. de garde, l'anagramme, « *Spiritus* de Foulques, *Flos es, quid te purius ?* ».

1618. Papier, 432 feuillets, 390 sur 290 millim. Rel. parchemin.

Le souvenir de la consultation à diverses reprises du précieux manuscrit de Carpentras est inséparable chez nous de celui du gracieux accueil des érudits autant qu'aimables conservateurs de la bibliothèque, le regretté M. Barrès, et son très digne successeur, M. Liabastre. Nous prions ce dernier d'agréer, si tardif soit-il, le tribut de nos remercîments pour sa parfaite et inoubliable obligeance.

logiques et moraux. Ils traitent de la création du monde, de
Dieu, des principaux dogmes de la foi catholique, du vice et des
vertus de l'homme, de la naissance de la Sainte Vierge et de ses
cinq joies, etc. On y trouve des sonnets sur l'Eucharistie, des
« stances du sacré nom de Jésus et de sa glorieuse mère », des
prophéties, des brocards de canonistes et jusqu'à des *oremus*,
sans parler de traits contre les envieux, la « race juive », les
« meschants ecclesiastiques », les hérétiques, les parasites, etc.

Les « notables » [apophthegmes] de philosophie se mêlent
ensuite aux « notables » de théologie. L'auteur cite tour à tour
les livres saints, les poètes, philosophes, historiens grecs et
latins, les pères de l'église, les docteurs, saint Antoine de Padoue,
Albert-le-Grand, etc.

Est-il interdit de voir dans ce répertoire de textes et de remar-
ques convergeant vers un même but pieux, les matériaux du
recueil de sentences religieuses et morales que Malherbe appelle
indifféremment *Histoire sainte* et *Sainte histoire*?

Mais le titre cesse de s'appliquer au mélange hybride qui suit,
de sacré et de profane. Ici ont été recueillis, au hasard des lectures, des impressions, des souvenirs, toutes sortes de lam-
beaux de prose ou de vers en diverses langues, sur les sujets
les plus disparates, n'ayant plus rien de commun avec la théologie ni même souvent avec la morale. C'est une description de
l'oiseau du paradis (f⁰ 207), ou du « maignan [ver à soie] »,
encore « presque ignoré des hystoriographes *(sic)* » (f⁰ 214);
la légende du lion de saint Jérôme (f⁰ 197 v⁰), ou celle, classique, du phénix (f⁰ 203 v⁰). Les « Universaux » d'Aristote (f⁰ 319),
voisinent presque avec des épigrammes « *in quemdam mere-*

tricem (f° 339 v°), ou sur des secrets d'alcôve encore plus sca-
breux (f° 340); le tout précède un « discours funèbre » (f° 365)
et les Vies abrégées de 44 empereurs romains, suivies chacune
d'un quatrain italien (f° 407). La même plume qui trace une vue
sur *l'État de la France*, guérie malgré elle par l'impitoyable
scalpel d'un Richelieu (?) (f° 241), transcrit une énigme latine
sur les truffes. Passe encore pour Horace, mais saint Augustin
lui-même subit le contact de Juvénal et de Pétrone. Non loin
d'un « [E] pilogue de la grâce de Dieu » (f° 271 v°) et d'une dis-
sertation ébauchée sur l'antiquité de Marseille (p. 292), s'étalent,
impudents, des vers du *Satyricon* (f° 287 v°). Il y a pour tous
les goûts, nous allions ajouter et pour tous les dégoûts dans
cette copieuse *olla podrida*, un peu indigeste à qui voudrait
l'absorber toute entière, depuis l'anodin proverbe, la sentence
édulcorée, à la banalité fade, douceâtre, jusqu'à la plaisanterie
salée et pimentée dans un latin qui brave tout.

En dépit de ces écarts, de ces débauches d'érudition poétique
à la Montaigne et parfois à la Rabelais, qui étonnent chez ce
croyant, presque mystique, une idée maîtresse paraît avoir pré-
sidé à la majeure partie de l'encyclopédique recueil : rassembler,
en les relevant par des curiosités agréables ou piquantes, même
par une pointe d'humour, des pensées finement ou fortement
exprimées, le plus souvent d'une portée philosophique et morale,
cueillies dans le parterre de toutes ou presque toutes les litté-
ratures.

N'est-ce pas un bouquet des plus belles, des plus riantes de
ces fleurs, sélectionnées par l'homme de goût, qu'il aurait des-

tiné à la bonne compagnie (1)?. Leur bariolage un peu étrange rappelait-il celui des costumes du carnaval, ou la sagesse y empruntait-elle parfois le masque de la folie, à moins que l'expression, encore moderne (2), adoptée pour titre, ne fût simplement l'équivalent, le synonyme fantaisiste de *Récréations* ou *Passe-temps littéraires?* Dans tous les cas, rien ne s'oppose à ce que le *Carnaval des honnêtes gens*, mélange probable de prose et de vers, ait été tiré de la même provision abondante et de plus en plus variée de citations, notes, dissertations, essais personnels où avaient dû être puisés d'abord les éléments de l'*Histoire sainte*.

Fouque est un lettré érudit, connaissant plusieurs langues mortes ou vivantes, celles-ci assez familièrement pour les écrire en prose ou en vers — le latin, le grec, l'hébreu peut-être, l'italien, l'espagnol — un philosophe moraliste, doublé d'un poète, pour tout dire, un humaniste. La singularité dans l'histoire, même dans l'histoire naturelle, sollicite le curieux un peu naïf qui est en lui, comme dans tous les hommes d'étude et de savoir de son époque, César de Notre-Dame, Peiresc, Honoré Bouche, etc.; mais il est porté de préférence à la maxime.

---

(1) Certains morceaux portent en marge la mention : beau. S'il était certain qu'elle fût de l'écriture de l'auteur, ne serait-ce pas l'indication d'un premier choix en vue de la composition du livre? On a bien voulu nous faire remarquer que ces annotations pourraient être du président de Mazaugues devenu, comme l'on sait, le possesseur des collections de Peiresc.

(2) Inutile de rappeler l'introduction relativement récente dans notre langue du mot carnaval, importé en France d'Italie avec certains autres sous Catherine de Médicis. (Brachet, *Grammaire hist.*, 3ᵉ édit., p. 56-57).

Fermement spiritualiste, catholique fervent au moins en son enfance et sa jeunesse, on a vu que ses croyances profondes n'opposaient pas une barrière infranchissable aux fantaisies de son dilettantisme littéraire qui va du badinage anacréontique à la licence alors tolérée du curé de Meudon. En passant, il ne se refusera même pas le malin plaisir d'un trait contre les gens d'église, et d'une épigramme sanglante contre les moines, libertés également familières alors aux plus convaincus (1). En dehors des matières religieuses, d'une crédulité presque enfantine, ajoutant foi au merveilleux, aussi comme maint de ses contemporains les plus éclairés, à la vertu du pêcher, curative de la fièvre, si on s'endort à son ombre, aux spectres et aux apparitions; nous en avons cité un exemple singulier dans le récit de la vision par laquelle il apprit la mort de sa mère.

En politique et en religion, ennemi des « nouvelletés, peste

---

(1) Entre bien d'autres :

> *Monachi nigri*
> *Semper sunt pigri,*
> *Fornicare volunt,*
> *Solvere nolunt* (f° 298 v°).

L'église elle-même n'est pas plus ménagée. On la met ensemble avec la justice et toutes les deux dans le même sac avec la mort :

> **Troys choses sont de bon accord,**
> **L'esglise, la justice et la mort :**
> **L'esglise prand et vif et mort;**
> **Justice prand à droyt et tort;**
> **La mort prand le faible et le fort.**
> (f° 284 v°).

des états », tandis que, précurseur inconscient, cet ancêtre de Jean-Jacques professera, déjà au XVIIe siècle, que nous « mourons tous plus méchants que nous ne sommes nais » (fo 264).

Ses sentiments sont ceux d'un gentilhomme accompli, fier, délicat, magnifique, chez qui la noblesse native a été encore affinée par la haute culture intellectuelle. Ce qu'il déteste autant que l'esprit de chicane et de lucre, autant que les avocats, les marchands, les beautés vénales — nous adoucissons la crudité du vocable *brantomien*, — les parvenus, les sergents enfin, c'est chez les grands le défaut d'instruction et de libéralité. Ah ! les « avaritieux », il ne peut les souffrir ce fils de bourgeois, né grand seigneur, hospitalier et munificent jusqu'à la ruine (fos 213 vo, 270 vo, 271 vo).

Non moins antipathiques à sa loyale nature ceux-là qui « infectent de leurs subtilité et malisses les peuples, ou les devorent avecque de spécieux pretextes de justice... et doucement attirent à leurs rets les sots et les simples... (déjà !) ». On appelait alors ces politiciens des gens de lettres — que ceux-ci nous le pardonnent ! Combien il leur préfère, en un parallèle académique, les soldats qui, eux, « ne font la guerre que pour le butin, la victoyre, l'honneur et pour vaincre et desfere les enne-mis » (fo 241 vo) !

Dans l'action, le concours de la foule lui paraît plus embar-rassant qu'utile « *potius impedimentum quam auxilium :* » Mais ce n'est pas une raison pour les gouvernants d'user avec elle de violence : « Il est plus sûr aux grands, écrit ce disciple de la Boétie, de se servir de ses *(sic)* subjects par douceur que par la force, des cœurs jouissants de la liberté avecq affection, que non pas par contrainte, esclavitude, usant des moyens de la justice... pour les tenir bridez » (f° 244).

Sur « l'impertinence » [le défaut de pertinence, de sagesse] des femmes, il cite complaisamment saint Paul, le concile de Carthage, les papes qui leur interdirent la prédication et la confession et, peu galamment, rend leur faiblesse responsable de notre licence. Cette profession de foi d'un sceptique, n'est-elle pas l'explication de ses longues hésitations de célibataire « encore à marier, par bonheur » à 63 ans et bien près dès lors de mourir dans l'impénitence finale ? Il est à remarquer que La Garde n'invoque pas même le philosophique prétexte du chanoine Maucroix, que le mariage est chose si grave qu'on ne saurait y songer trop longtemps, dût-on y songer toute sa vie.

Certaines pages sont criblées d'épigrammes en toutes les langues contre un sexe que l'auteur semble se repentir d'avoir aimé, aux dépens de sa bourse, sinon de sa santé. Nous en détacherons les moins risquées :

« Si tous les conseils des sages estoyent assemblés et espurés dans une fournaise [un creuset ?], il ne s'en trouveroit pas un assurement bon pour se bien marier »... si ce n'est que — ajoute-t-il à la réflexion et d'une autre encre : « *mulier est malum necessarium* » (f° 243 v°) (1).

> *Quid levis plumâ ? pulocs. Quid pulvere ? ventus,*
> *Quid vento ? mulier. Quid muliere ? nihil.*

(1) Cf. fᵃ 165, 212, 241, 292, 294, 296, 339 v·, 340, etc.

Et, au-dessus, ces deux vers, aussi peu aimables dans le fond que médiocrement poétiques dans la forme :

> Femme, fiebvre, faveur, flamme, faim et froidure
> Sont six maux feminins pour qui le monde endure (f° 292).

Son rêve, le croirait-on ? eut été l'*aurea mediocritas*, mais sans rien du froid et sec égoisme de l'épicurien : « La priere d'un homme de bien aux Dieux doibt estre de n'avoir pas si peu de biens qu'il n'en puisse vivre honorablement pour exercer actes de liberalité [toujours le vieil homme!] et n'estre mesprisé, ny d'en avoir trop aussi affin qu'il ne soit aby;... car il vaut mieux d'être compagnon des *(sic)* biens mediocres et d'affections aveq plusieurs, voire même avecque tous, que Roy de tout le monde aveq envie, mespris et malvueillance » (f° 242).

Enfin, ce qu'il prise au-dessus de tout, l'honnête homme par excellence, aux intentions impeccables, né seulement avec des goûts trop supérieurs à sa fortune, c'est la paix de la conscience :

« Il n'y a grandeur, santé, puissance, beauté, magnanimité ou degré de noblesse du sang qui calme davantage la vie de l'homme que l'âme franche et nette de souillures et qui n'a aucune synderese [remords] des blessures faites à aultruy, ny de tort fait à ses amys » (f° 261 v°).

Dans ces nobles pensées, ces généreux accents parfois d'une note presque moderne sous l'archaïsme de la forme, ne respire-t-il pas le cœur aimant, libéral, sympathique — le grand cœur, dira-t-il tout à l'heure — qui captivait les affections et de qui la « douceur », imprégnant le style de l'écrivain, avait le pouvoir de calmer à distance la fièvre du vieux et désolé Malherbe?

L'homme s'est complètement livré en ses replis intimes : nous connaissons sa trempe d'esprit et de caractère, son genre d'érudition, ses opinions religieuses, philosophiques et même politiques, comme aussi sa forme littéraire. Le penseur, volontiers ironique, est concis, nerveux, non sans quelque talent de condensation et une certaine habileté dans l'art de frapper les aphorismes. Mais ce que nous ne connaîtrons jamais, c'est le secret et la puissance du charme, attesté par le meilleur et le moins suspect des juges, du brillant causeur mondain, c'est-à-dire la vraie source de ses succès de salon et d'une réputation comme eux forcément éphémère.

§ 2. — LES POÉSIES. — QUATRAINS A LA PIBRAC. — LES STANCES A LA CÉPÉDE.— DIFFICULTÉ DE RECONNAÎTRE LES PIÈCES PERSONNELLES.— REMORDS D'UN SONNET CONTRE HENRI III. — GAULOISERIE RIMÉE.— SONNETS AUTO-BIOGRAPHIQUES. — LA MUSE DU POÈTE INSPIRÉE PAR SES MALHEURS. — LA GARDE EXPROPRIÉ DE SON VIVANT ET APRÈS SA MORT. — RESTITUTION ENVERS SA MÉMOIRE.

La Garde a balbutié aussi la langue de Malherbe, s'exerçant dans la poésie fugitive, la maxime rimée ; il a imité les quatrains de Pibrac et les sonnets de la Pléiade :

> Nous voyons à tastons dedans ce monde issi ;
> On n'obtient point de bien qu'en travail et soussi ,
> Car les Dieux, courroussés contre la rasse humaine ,
> Ont mis devant les biens la sueur et la peine (1).

(1) F° 302. En voici un autre, aussi pris au hasard, signé et même corrigé de la main de La Garde :

Le huitain suivant, *L'enfant et la bulle de savon*, appartient
au même genre de poésie philosophique et morale :

VARIÉTÉ

J'aperçus un enfant qui, d'un tuyau de paille
Trempé dans du savon avec de l'eau mouilhé,
Des ampoules soufflait tout contre une muraille
Dont l'œil de maint passant estoit esmerveillé.
Grosses , elles s'enflèrent en belle forme ronde :
Mais les voyant crever en son *(sic)* lustre plus beau
Et si soudainement : voilà, dis-je, un tableau
De la fresle splendeur et grandeur de ce monde.

Les *Théorêmes spirituels* de La Cépède avaient déjà donné de
lui en 1613 des *Stances* à l'auteur du rarissime volume, que
nous croyons devoir reproduire , à cause de cette dernière
circonstance et aussi de l'emprunt presque littéral que Malherbe
leur fit en 1628, sans doute par une flatterie délicate.

Vos doctes escrits nous font voir
Les rayons d'un divin sçavoir,
Et vostre admirable faconde
Fait croire par tout l'univers
Qu'aussi bien en prose, qu'en vers
Toute autre luy sera seconde.

Le reste de vos actions
Comprend tant de perfections,

O que c'est un mirouer qui represante faux
Que celluy des flatteurs et qu'il cause de maux !
Au contrere, celluy d'un ami veritable
Divertit *(sic)*
Arreste le malheur et nous est proffitable.

(f° 298 v°).

> Qu'il faut, en chrestiens que nous sommes,
> Vous estimer en ce bas lieu
> Imparfait au respect de Dieu,
> Mais parfait au regard des hommes.

> LA GARDE, gentil-homme Provençal (1).

Il s'en faut que tous les essais confiés à l'album de Carpentras soient aussi achevés. Tous cependant ne sont pas gâtés par le mauvais goût de l'époque, la recherche du concetti, l'abus de l'antithèse, la solennelle et pédantesque roideur du style. La grande difficulté est de reconnaître parmi toutes les réminiscences des lectures, qui se pressent sous une plume distraite et ennemie des sources, les œuvres originales bien authentiques. Ainsi faudrait-il attribuer aux passions politiques de la vingtième année, restées vivaces, le sonnet suivant dont il a été parlé, et *le reste d'un sonnet*, œuvres manifestes de jeunesse, semble-t-il, par l'accent tout vibrant d'indignation et par la préoccupation constante de l'opposition, le tour géométrique, visiblement imité des modèles du temps ?

Sonnet sur l'assassinat du brave Bussy du tamps du roi Hanry 3, par le comte de Monsereau qui le trouva faisant l'amour à sa femme :

> Mars n'estoit assez fort, Mercure assez subtil
> Pour le vaincre au combat ou abuser son âme ;
> Pour rompre le filet d'une si belle trame,
> A falu maint ouvrier, mainte main, maint otil.

(1) Pièce extraite des *Théoremes* de messire Jean de La Cépède, seigneur d'Aygalades; vol. in-4°, Tolose, chez la veuve de Jacques Colomierz et Raymond Colomierz, 1613. (Dans la partie non paginée de la fin du volume).

Et a falu qu'un Roy en trahyson fertil
Corrompit un parant malheureux et infâme
Quy, en prostituant son impudique femme,
Amorsât son esprit amoureux et gentil.

Affin que rien issi d'imortel ne demeure,
Roy, mestresse et parant ont changé de nature.
O malheureux destin, ô implacable sort !

Le Roy devient tyran, la mestresse ennemie,
L'amitié d'un parant en ratge est convertie :
La foy vient trahison, la foy devient la mort (1).

Reste d'un sonnet sur la mort d'Henry de Lorrayne, duc de Guise,
massacré à Blois (1589)

Celluy dont les ayeux vainquirent l'Hydumée
Et qui vainquit encor l'honneur de ses ayeux,
Celluy qui eust un pere et grand et glorieux,
Dont, jeune, il surpassa la grande renommée ;

Celluy de qui la France estoit comme charmée,
Celluy sur qui Leucippe auroit jetté lés yeux
Gist issi ; n'en cherche, ô passant curieux,
La cause avec l'effait dans la tombe enfermée.

Allors qu'on le punist comme un audatieux,
Des corones du monde ayant l'âme enflammée
On l'ha, sans y pancer, coroné dans les cieux (2).

---

(1) Fo 304 ; composé ou simplement cueilli par La Garde, le sonnet, peu tendre pour la mémoire d'Henri III, étonne et détonne dans le journal intime de celui qui avait eu *l'honneur d'être connu et favorisé* par ce monarque. Mais on dirait que l'auteur ou le copiste eut regret de ses rancunes de ligueur, et la pièce fut bâtonnée d'une plume sans doute repentante.

Enthousiasmes ou indignations de la jeunesse, aussi naïfs et irréfléchis les uns que les autres, qui donc ne voudrait pas vous effacer un peu du livre de sa vie ?

(2) F° 303 v°.

De la même manière, moralisante et guindée, qui fut certai-
nement celle de la jeunesse du poète, copiant les œuvres de
l'époque, est le sonnet qui commence ainsi :

> Le monde est un brelan où tout est confondu ;
> Tel pense avoir gaigné qui souvent a perdu,
> Ainsin qu'en une banque où par hasard on tire
> Et, pensant bien choisir, souvent on prand le pire.
> Tout despand (?) du destin qui, sans avoir égard,
> Les faveurs et les biens en ce monde despart (1).

En revanche, voici une boutade toute différente d'inspiration
et de facture, quoique d'origine encore plus douteuse, et, sous
son titre alambiqué, d'un tour charmant de naturel aisé, d'une
veine bien franchement gauloise :

*Jalousie inutile en l'estroite garde d'un corps dont la volonté
est libre.*

> Que vous sert-il, ma bonne mère,
> De m'enfermer dans une tour
> Et qu'en une prison austère
> Les gardes veillent nuit et jour ?
> Il n'est ny garde, ny closture,
> Qui puisse empêcher la nature
> Lorsqu'elle veut fere l'amour.
>
> Si je ne me garde moy mesme,
> Vainement me garderez vous !

(1) F° 302.

> Amour croist et, de meme extreme,
> Il brise portes et verroux
> Quand on l'enferme dans des bornes.
> Et de là procedent les cornes
> Que portent les maris jaloux.

Ne dirait on pas une page détachée de quelqu'un de nos vieux fabliaux, si la forme plus moderne n'accusait un ancêtre direct de La Fontaine et de Molière? Ni l'un ni l'autre, dans tous les cas, n'en eût désavoué, comme trop leste, la lutinerie finale (1).

Tout au contraire, les deux sonnets, sur lesquels nous fermerons le recueil de miscellanées, même s'ils n'offraient pas l'irrécusable garantie de la signature, trahiraient manifestement la paternité de l'auteur par leurs révélations biographiques. Ils résument en effet en leur spirituelle antithèse deux périodes opposées de sa vie, les débuts triomphants et les cruelles amertumes de l'âge mûr, celles-ci avec une fidélité si frappante que chaque vers du poète dolent pourrait être documenté. Par la place qu'ils occupent dans le manuscrit et mieux encore dans l'histoire de ses infortunes, ils sont de 1618, l'année fatale. Rien n'y manque : la dépossession brutale, impitoyable, l'exil loin du toit parternel ; la sombre prison ; la nuit noire de la ruine et de

---

(1) La Fontaine n'a-t-il pas parlé quelque part du peu de résistance qu'offrent grilles et murs aux entreprises du plus petit et du plus malin des dieux de l'Olympe? Et comment ne pas songer aux vers de Molière dans l'*Ecole des Maris*:

> Et les soins défiants, les verroux et les grilles
> Ne font pas la vertu des femmes et des filles.

la misère sans lendemain, l'irrémissible effondrement ; tout jusqu'à l'incapacité désastreuse de M⁰ Figuière, le *sot négligent*, et les tenailles d'Ardict, le tourmenteur.

Et, au lieu du cri attendu de désespérance suprême, du fond de l'insondable abîme, c'est un éclat de rire qui jaillit soudain avec un étourdissant imprévu.

Écoutons les lamentations de l'humoristique Jérémie :

> Debvoir beaucoup et n'avoyr point d'argent ,
> Estre malade et n'avoyr allégence,
> Estre en malheur sans avoyr esperance ,
> Avoyr grand cœur et se voyr indigent ;
>
> Estre servy par un sot negligent
> Et de son bien n'avoyr la jouyssance ;
> Vouloyr beaucoup et estre sens puissance,
> Estre pressé par un fâcheux sargent ;
>
> Estre en prison ou pour crime ou pour debte,
> Estre estranger, n'avoyr point de rettrette,
> N'avoyr jamais ce que l'hon a presté ;
>
> Pour tous ses maux estre affligé dans l'âme ;
> On ne ressent tant de calamité
> Comme d'avoir une mauvaise femme (1).

Quel piquant contraste dans le mélancolique retour vers le passé qui inspire la réponse, gracieux tableautin où, non sans émotion ni quelque orgueil, le poète retrace les riants et fiers

---

(1) Ce sonnet vient après des vers latins sur *Mulieris mala potentia* (f⁰ 212 v⁰, aucien 621 v⁰).

souvenirs de sa radieuse jeunesse! Et surtout quelle conclusion galante et encore inattendue !

RESPONSE

Estre au printemps d'une jeunesse belle,
Estre en santé, dispos et vigoureux,
N'estre jamais triste ny langoureux,
N'avoyr jamais la fortune rebelle !

Avoyr des biens de la grande Sybelle *(sic)*,
Estre affranchi des procès rigoureux,
Estre en respect parmi les valeureux,
Estre sçavant enfin à la coupelle ;

Avoyr de l'or en extrême habondance,
Estre bien nay, aux armes, à la dance,
Bien à cheval, galant, sage et parfaict,

Tous ces trésors tant du corps que de l'âme
Sont les presantz d'un bonheur imparfait
Sans posseder une galante femme.

(F° 212 v°).

L'enjouement, la bonne grâce, la bonne humeur, une certaine crânerie gentilhomesque n'abandonnèrent oncques, on le voit, l'aimable poète philosophe même dans l'accablement de la mauvaise fortune qui lui dicta ses plus charmantes fantaisies et — disons-le aussi — ses meilleurs vers.

Il était donc bien digne de la haute estime et de « l'inviolable » attachement de Malherbe, le lettré de tout point si distingué qui avait en son cœur et en son esprit des trésors et en son écrin, parmi la fleur des belles maximes, des sonnets ciselés avec art.

Mais Esprit Fouque-la Garde était né sous une mauvaise

étoile : sans cesse exproprié de son vivant, il était encore destiné
à l'être, après sa mort, de son nom, la seule et non la moins
estimable valeur du pauvre héritage. Si nous avons réussi à
prouver la grossière méprise dont sa mémoire fut la victime, —
véritable suppression d'état, — il doit reprendre désormais dans
l'entourage et le rayonnement d'une personnalité illustre, sa
place d'honneur, usurpée par un sosie imaginaire (1).

---

(1) Le souvenir de **M.** de La Garde, de son mérite, de sa renommée, de ses grandes relations n'était pas éteint parmi les dracénois dans la seconde moitié du XVIIe siècle. Lorsqu'en
1667, l'année de la vérification des titres de noblesse, certaines de nos familles eurent
besoin de se créer des aïeux avec le concours de notaires complaisants, l'une d'elles le
choisit pour témoin du codicille d'un ancêtre, comme l'un des personnages les plus en vue
de l'époque et les plus propres à rehausser la qualité du testateur. Par malheur, le docu-
ment audacieusement fabriqué, remontait à 1535, et était dès lors antérieur de trente bonnes
années à la naissance du témoin (1565) et de cinquante-cinq ans — une bagatelle — à sa
majorité (1590). N'empêche que le faux passa comme tant d'autres et servit à édifier une
superbe généalogie authentiquée par un jugement de noblesse en due forme !..........

APPENDICE

Croquis généalogique de la branche des Fouque-La-Garde, de Draguignan.

BARTHÉLEMY,
marchand drapier, *alias* bourgeois, syndic de la communauté en 1507 et 1518.

|
HONORÉ,
commerçant en laine, seigneur de La Garde-les-Figanières, Vauplane, Soleilhas et La Motte, coseigneur de Comps et La Garde-Freinet,
ép. JAUMETTE Leydet, fille d'un marchand de Barjols ; † en 1567 ou 1568.

|

JOSEPH,	JEAN,	ANTOINE,		BALTHAZAR,
sr de La Motte,	prévôt de Fréjus.	docteur et avocat.		sieur de La Garde, ép. en 1555 Jeanne Laurens (1).
† 1587.				

PIERRE,	AUBAN,	JEANNE	ANNE	ESPRIT,	JEAN,	LEUCIPE	LOUISE
sr de la Motte,	sr de Baudron,	ép. en 1571	ép. 1° en 1581	sr de La Garde,	† en bas âge.	ép. en 1576	ép. en 1580
† 1608 (?)	fils naturel,	Augustin	Antoine Brun	† s. p.		Barthélemy	Henri
	légitimé (*sic*).	de Lascaris	du Castellet ;			de Rougiers	de Villeneuve-
			2° en (?) Elie			des Sieyes.	Vauvres.
			de St-Michel-Valbourgès.				

2 filles.

(1) JEANNE Laurens, devenue veuve, ép. en 1571 JACQUES de Villeneuve-La-Berlière, frère de son futur gendre, HENRI de Villeneuvre-Vauvres.

|

HONORÉ et BLANCHE de Villeneuve, enfants jumeaux, nés à Draguignan, y baptisés le 3 août 1572

TABLE DES MATIÈRES